Historia de los Lenguajes de Programación
Años 1960-1969

Manuel Ángel Rubio Jiménez

ISBN 978-1-326-86711-9

Índice

Introducción

> En 1960, John McCarthy publicó un documento extraordinario en el que hizo por la programación lo que Euclides hizo por la geometría.
>
> — Paul Graham

A principios de la década de 1960 el coste de las máquinas era prohibitivo. La mayoría de empresas usaban computadoras enormes y centralizadas conocidas comúnmente como *mainframes*.

Las computadoras centrales de gran escala y capacidad de procesamiento se utilizaron principalmente para manejar tareas críticas de procesamiento de datos a nivel empresarial y gubernamental. Estas máquinas son conocidas por su fiabilidad, capacidad de procesamiento masivo y capacidad para gestionar grandes cantidades de información y transacciones simultáneamente.

El modo de uso se basaba en la carga por lotes de los programas a ser ejecutados y tras unos minutos, horas o días, se recolectaban los resultados de los programas.

Hubo varios avances en diferentes vertientes, por un lado, en este década la evolución en hardware contribuyó a la reducción de coste y tamaño de estas máquinas centrales creándose una nueva línea de negocio en torno a estas **minicomputadoras**.

Por otro lado, IBM comenzó una nueva familia de computadoras llamada System/360 que representó un avance significativo al ofrecer una arquitectura compatible entre diferentes modelos. Hasta el momento los fabricantes modificaban para cada modelo el código máquina de sus computadores haciendo imposible la compatibilidad entre máquinas del mismo fabricante. Con este movimiento, IBM permitiría la compatibilidad en toda su gama del código máquina y por tanto de los programas compilados para estas máquinas.

La década de 1960 también fue testigo del surgimiento de los sistemas operativos. Hasta el momento la ejecución de las máquinas se iniciaba con los programas y terminaba con la finalización de la ejecución de los programas. En esta década se comenzaron a desarrollar entornos de trabajo e incluso los primeros sistemas operativos multi-usuario para aprovechar la potencia de los *mainframes* por parte de distintas terminales de trabajo.

En este contexto de transformación, la década de 1960 también fue testigo de notables progresos en lenguajes de programación. Si bien FORTRAN y COBOL ya eran lenguajes establecidos, este período fue caracterizado por la diversificación y creación de nuevos lenguajes. Entre ellos se destacan ALGOL, un lenguaje influyente en la formulación de algoritmos y BASIC, un lenguaje diseñado para la enseñanza y accesible para principiantes.

Estos lenguajes no solo facilitaron la programación sino que también allanaron el camino para permitir a un mayor público acceder al mundo de la informática al hacerla más accesible.

En conjunto, estos avances en hardware, sistemas operativos y lenguajes de programación caracterizan la década de 1960 como una época de fermentación tecnológica que marcó el inicio de las transformaciones informáticas que seguirían en las décadas posteriores. Veamos un poco más en qué consistió el avance de los sistemas operativos de tiempo compartido.

Sistemas Operativos de Tiempo compartido

Este concepto fue definido inicialmente por Bob Berner en 1957 en un artículo en *Automatic Control Magazine* (Berner, 1957) e iniciado por John McCarthy en el MIT a finales de ese mismo año en un IBM 704 modificado. El proyecto de sistema operativo fue presentado en noviembre de 1961 con el nombre *Compatible Time-Sharing System* (CTSS o Sistema de Tiempo-Compartido Compatible) y descrito en una publicación presentada en la *Spring Joint Computer Conference* en 1962 (McCarthy, 1962).

Pero un año antes, en 1961, Donald Bitzer en la Universidad de Illinois implementó sobre ILLIAC I un sistema multi-usuario de tiempo compartido como la segunda versión del sistema PLATO (ver el Capítulo 26) construido para formación en la propia universidad por lo que esta versión de [PLATO] podría constituir el primer sistema operativo de tiempo compartido usando las ideas de Berner.

Más tarde, en 1963, John Kemeney y Thomas Kurtz en el Dartmouth College desarrollaron el primer sistema operativo de tiempo compartido exitoso a gran escala. En este sistema operativo se implementó el lenguaje BASIC (ver el Capítulo 17) y continuó desarrollándose durante la siguiente década, siendo reescrito para varias generaciones de computadores hasta ser finalmente discontinuado en 1999.

En 1964, Fernando J. Corbató inició una acción conjunta entre el MIT donde trabajaba, General Electric y los laboratorios Bell para el desarrollo de un nuevo sistema operativo llamado Multics. Multics fue concebido como un producto comercial por General Electric y alcanzó este logro para Honeywell, la compañía que lo adquirió inicialmente. Sin embargo, no tuvo gran éxito. Puedes leer más acerca de Multics en el Capítulo 13.

En 1969, en los Laboratorios Bell, se produjo un punto de inflexión gracias a un desarrollo de Ken Thompson alimentado por sus compañeros, entre ellos Brian Kernighan y Dennis Ritchie. En ese año

Bell abandonó el desarrollo del sistema operativo Multics y comenzó su propio proyecto empleando el código que realizaban dentro de los laboratorios. No fue hasta 1970 que Kernighan llamaría al proyecto Unix (ver en la Sección 23.1 del Capítulo 23).

Algoritmos y Estructuras de Datos

En esta década se comenzaron a implementar y utilizar muchos algoritmos. Estos algoritmos hicieron evolucionar los lenguajes de programación, las estructuras de datos y agregaron un incremento en el rendimiento de los programas.

Podemos destacar algoritmos como el de Huffman para la compresión de información que aún siendo desarrollado en 1952 fue muy importante en esta década o el algoritmo del camino más corto de Dijkstra publicado 1959, así como los algoritmos de Kruskal (1956) y Prim (1957) para encontrar el árbol de expansión mínimo de un grafo ponderado.

Mientras que la mayoría de lenguajes de la década pasada se centraban en las listas, en esta década veremos lenguajes que comienzan a emplear otras estructuras como árboles, grafos, montículos e incluso cadenas de texto.

El empleo de la estructura de datos precisa para el trabajo correcto hace posible aprovechar la potencia cada vez más alta de las máquinas y mientras en el mundo del hardware comienza un movimiento para miniaturizar y acelerar los componentes, el movimiento surgido en el campo del software es hacia la optimización, las estructuras de datos y las interfaces de usuario.

Es curioso leer algunas definiciones de lenguajes de la década de 1960 y encontrar descripciones de lenguajes conversacionales. A día de hoy y debido al auge de la [IA] (Inteligencia Artificial), un lenguaje conversacional lo relacionamos con un lenguaje natural mientras que en esta década pasada, un lenguaje conversacional alude únicamente al hecho de la interactividad. Lo que podríamos considerar hoy como una [REPL] (Read-Eval-Print-Loop) para introducir comandos uno a uno y obtener su respuesta.

A lo largo del texto hablaremos de algunos de los algoritmos ligados a los personajes que nos ocupen y algunas estructuras de datos ligadas a lenguajes donde se empleen y los personajes que las crearon o potenciaron su uso.

Estándares y Organizaciones

Uno de los grandes estándares que surgió en 1963 fue [ASCII] por el Comité Estadounidense de Estándares que más tarde en 1969 pasó a llamarse [ANSI] tal y como lo conocemos ahora.

El código ASCII fue un gran avance para estandarizar qué símbolos debían imprimirse en cada computador que procesara el lenguaje inglés, además de aportar algunos comandos de control.

En Europa en 1961 surgiría [ECMA], una organización sin ánimo de lucro para estandarizar los sistemas de comunicación e información. Entre sus estándares se encuentran ALGOL 60 (ECMA-2), los Diagramas de Flujo (ECMA-4), FORTRAN (ECMA-9), BASIC (ECMA-116) o incluso más recientemente JavaScript estándar (ECMA-262) y Dart (ECMA-408).

Lenguajes de Programación

En el libro anterior de Historia de los Lenguajes de Programación (Rubio Jiménez, 2021) hablamos de lenguajes como ALGOL, FORTRAN, COBOL o incluso comentamos los inicios de LISP. Estos lenguajes aún comenzando o gestarse inicialmente en la década de 1950 tuvieron un mayor uso y apogeo en esta década de 1960 y por lo tanto les dedicaremos un capítulo a cada uno para comentar su evolución a lo largo de esta década.

La elección de los lenguajes de programación para esta década ha sido difícil. A excepción de los lenguajes mencionados antes y que provienen de la década anterior, los lenguajes creados en esta década son muy numerosos y al igual que durante la década anterior, la Historia no recoge bien algunos de sus datos teniendo que discernir, filtrar y evaluar si realmente los textos encontrados o las listas de lenguajes de programación se refieren realmente a un lenguaje existente o no.

En este proceso, además, me he visto forzado a filtrar aún más porque no quiero convertir el libro de por sí para esta década en un libro excesivamente voluminoso.

Si hiciese una taxonomía de estos lenguajes podría crear los siguientes grupos:

Negocio

Lenguajes creados principalmente para los negocios y empresas. Estos lenguajes están orientados al uso específico que muchas empresas hacen de ellos y aunque la mayoría son de propósito general, desarrollar soluciones orientadas a los negocios se hace más fácil que cualquier otro tipo de programa. Algunos ejemplos son COBOL, RPG o SNOBOL.

Educación

Lenguajes para facilitar el aprendizaje de la computación y la programación a personas sin conocimientos matemáticos o de ingeniería. También hay lenguajes dentro de este grupo que están enfocados no a enseñar a programar o computación sino para la enseñanza de otras doctrinas a través del computador. Algunos ejemplos son BASIC, LOGO, TUTOR o PILOT.

Pioneros

Estos lenguajes son los que introdujeron una nueva forma de hacer las cosas, lenguajes que se centraron en un aspecto específico como emplear una pila para las llamadas, el inicio de la orientación a objetos o la cuarta generación de los lenguajes de programación. Algunos ejemplos son RUNCOM, Forth, Simula, SETL, REFAL o LISP.

Inteligencia Artificial

Dentro de este grupo caen todos los lenguajes que fueron diseñados y/o empleados para el desarrollo de algún área de la inteligencia artificial, obviamente aquí figura también LISP además de otros lenguajes como REFAL.

Hay algunos lenguajes creados para un uso muy específico. Quizás podríamos considerar estos lenguajes como los primeros [DSL] (Domain Specific Language) o lenguajes de dominio específico y por tanto podrían encajar como pioneros de este campo. En todo caso, cada lenguaje tiene un enfoque y una motivación para su creación aunque muchos de ellos no superaron la prueba del tiempo y cayeron en el olvido.

Generaciones de los Lenguajes

En esta década veremos que algunos lenguajes se denominan como lenguajes de cuarta generación, pero ¿qué es esto de las generaciones?

En el libro de Historia de los Lenguajes de Programación (Sammet, 1969), Jean E. Sammet especificó pero no de forma explícita una serie de generaciones en el desarrollo de lenguajes de programación. Podemos extraer que estas generaciones eran:

Primera generación

Desde 1945 a 1955 constituida por lenguajes ensambladores y código máquina. Aunque sabemos por el libro anterior que en este período se sucedieron algunos lenguajes como Gleenie Autocode de los que hablamos en el libro anterior de Historia de los Lenguajes de Programación, años 1940-1959 (Rubio Jiménez, 2021). No obstante, aunque las fechas puedan ser solo representativas, lo importante es la categoría de lenguajes incluidos: ensambladores y código máquina.

Segunda generación

Lenguajes desarrollados a finales de la década de 1950 como FORTRAN o COBOL. Lenguajes prácticos pero ligados aún a una representación más ligada a la máquina que a los conceptos matemáticos.

Tercera generación

En esta tercera generación entran lenguajes como ALGOL, PL/I y BASIC. Lenguajes desarrollados durante la década de 1960.

Sin embargo, en esta década hablan de una cuarta generación y muchas categorías que puedes encontrar en Internet situarán la primera generación como código máquina, la segunda como ensamblador y la tercera con los lenguajes de alto nivel. ¿En qué se diferenciaría de la cuarta generación?

La cuarta generación son lenguajes orientados al usuario. Lenguajes que pretenden abstraer aún más los detalles de la máquina para permitir a un usuario sin conocimientos en programación desarrollar un programa.

En una entrevista acerca de Nomad (Rawlings, 2014) se cuenta la siguiente historia, puede o no ser cierta pero los programadores de hoy en día pueden ver una similitud entre esta historia y lenguajes de programación muy difundidos para hacer estas mismas tareas como es el caso de [SQL] (Structured Query Language o Lenguaje de Consulta Estructurada):

> Otro ejemplo del poder de Nomad se ilustra por Nicholas Rawlings en sus comentarios para el Museo de Historia de la Computación acerca de [NCSS]. Él informó que James Martin solicitó a Rawlings una solución

para Nomad para un problema estándar que Martin llamó el problema del ingeniero: "da una subida del 6% a ingenieros cuyo trabajo calificado tenga como de media 7 o más." Martin proporcionó una docena de páginas de COBOL y tan solo una página o dos Mark IV.

Este mecanismo de vender un nuevo lenguaje de programación indicando que se requiere menos código para programar lo mismo no es nuevo y lo vimos con lenguajes como FLOWMATIC, COBOL o incluso FORTRAN en la década pasada y tenemos constancia de que se seguirá usando incluso en nuestros días. Es un potente mensaje para indicar que se requiere menos para programar en el lenguaje.

La cuarta generación (4GL) se ha empleado en nuestros días para indicar la línea de lenguajes o sistemas que nos permiten programar empleando NoCode o LowCode, es decir con poco o nada de código. Quizás el caso más claro y que emplean muchos hoy en día sean las hojas de cálculo. Estas hojas nos permiten realizar cálculos, en ocasiones complejos, sin escribir ningún programa, solo aportamos fórmulas y datos.

Pero Sammet también nos proporcionó otra categoría superior que muchos libros y autores han traslado como quinta generación (5GL) aunque inicialmente fuese nombrada como *futura generación*. Esta generación alude a la programación empleando lenguaje natural. Esta categoría podría seguir llamándose futura puesto que aun la generación de programas a través de lenguaje natural está en sus inicios.

Por último, cabe decir que estas categorías han caído en desuso desde hace tiempo. A día de hoy casi no se habla de categorías en los lenguajes de programación. La mayoría de lenguajes de programación disponibles y sobre los que se trabaja están todos en la que sería la tercera generación, mientras que la cuarta generación ha quedado para sistemas que proporcionan características NoCode o LowCode y la futura generación aún no llegó.

Lenguajes incluidos en el libro

Voy a listar los lenguajes elegidos con algunas palabras para indicar dónde se sitúan y porqué fueron elegidos, así espero se entienda mi criterio de selección.

 ¿Por qué los nombres de los primeros lenguajes de programación están en mayúsculas? En un principio los juegos de caracteres estaban muy restringidos, los primeros lenguajes de programación resolvían problemas numéricos y por tanto no era necesario aportar caracteres fuera de los números y signos matemáticos pero aún así se necesitaban letras para las variables, palabras clave y otros menesteres por lo que se decidió implementar solo las letras mayúsculas y por eso se escribía FORTRAN, LISP y COBOL entre otros con letras mayúsculas.

RPG (1959)

Desarrollo de Will Hey en IBM. Este lenguaje convivió con COBOL y era comúnmente usado por clientes que hacían la transición de equipos de tabulación (System/360 modelo 20). El antecesor de este lenguaje es FARGO (Fourteen-o-one Automatic Report Generation Operation) y este lenguaje lo mencionaremos dentro de RPG pero no de forma individual.

SAP (1959)

Por Douglas E. Eastwood y Douglas McIlroy. Este lenguaje ensamblador merece mención porque Macro SAP fue el primer lenguaje de macros. Sus creadores proporcionaban estas macros para generar código ensamblador de SAP lo que constituye el origen de los macro procesadores y pre-procesadores.

ALGOL (1960, 1968)

En este capítulo mencionamos una continuación del libro anterior centrándonos en cómo quedó ALGOL y sus lanzamientos más conocidos con ALGOL 60, ALGOL 68 o ALGOL W entre otros.

Repasamos a figuras como Niklaus Wirth, Edsger W. Dijkstra, Jaap A. Zonneveld, Edgar T. Irons o Peter Naur.

MAD (1959)

Bruce Arden, Bernard Galler y Robert M. Graham desarrollaron esta variante de ALGOL conocida con el nombre de MAD que he separado del capítulo de ALGOL por presentarse como un lenguaje con una fuerte influencia pero diferente. Este lenguaje derivó en MAD/I y GOM y jugó un papel importante en el desarrollo de CTSS, Multics y el sistema operativo del computador Michigan Terminal System. Introducimos también en este capítulo a Brian Kernighan quien empleó este lenguaje para implementar Multics.

COBOL (60 y 68)

En esta década se desarrolla y extiende el influjo de COBOL a través de sus versiones COBOL 60 y más tarde COBOL 68. Jean E. Sammet, Roy Nutt y Charles Katz se encargan de la implementación y evolución de este lenguaje siendo el primer lenguaje en ser estandarizado por [ANSI] (American National Standards Institute).

LISP (1960)

John McCarthy comenzó el diseño de este lenguaje en la década anterior pero hasta no llegar a la década de 1960 no se realizó la primera implementación del lenguaje por parte de Steve Russell. El compilador completo fue escrito finalmente en el MIT por Tim Hart y Mike Levin en 1962.

COMIT (1957)

El Doctor Victor Yngve desarrolló este lenguaje consiguiendo dos logros en el campo. En primer lugar y no tanto desde el punto de vista técnico, realizó la primera patente a un lenguaje de programación y en segundo lugar y realmente el más importante fue la manipulación de cadenas y detección de patrones. Un antepasado de la concordancia (*pattern matching*) y las expresiones regulares. Comentamos también el caso de SNOBOL y cómo le afectó la patente de COMIT en 1962.

FORTRAN IV y 66 (1966)

Continuamos la Historia de FORTRAN con sus lanzamientos más exitosos, no en vano, esta década fue en la que FORTRAN más destacó de toda la Historia. Seguiremos los pasos del equipo de desarrollo del lenguaje y qué problemáticas y mejoras implementaron en el lenguaje.

APL (1962)

Un lenguaje de Programación (A Programming Language) de Kenneth E. Iverson y Adin Falkoff, desarrollado en IBM. Diseñaron el concepto en 1962 y realizaron la implementación en 1967. Este lenguaje se componía de símbolos matemáticos para sus expresiones y la escritura de su código y era tal la cantidad de símbolos que llegó a requerir un lenguaje especial para poder escribir código de forma eficiente para él.

Simula (1962)

Ole-Johan Dahl, Bjørn Myhrhaug y Kristen Nygaard desarrollaron el concepto de Simula en 1962 partiendo de ALGOL 60. Realizaron la implementación llamada SIMULA 67 en 1967 y aunque sus autores no emplearon la nomenclatura de Programación Orientada a Objetos, Alan Kay se basaría en este lenguaje y otros conceptos para crear el documento donde concebiría este paradigma de programación en la siguiente década.

Euler (1962)

Niklaus Wirth y H. D. Huskey desarrollaron este lenguaje en su tránsito por tres universidades diferentes. Fue el primer lenguaje interpretado y orientado a pila (*stack-oriented*) y el primero en realizar el análisis del lenguaje en dos partes: interpretación semántica y análisis sintáctico.

CPL (1963) y BCPL (1966)

Las Universidades de Londres y Cambridge hicieron un esfuerzo conjunto para crear un lenguaje de programación y lo llamaron Combined Programming Language (CPL) aunque al principio fuese el Cambridge Programming Language, fuertemente influenciado por

ALGOL 60 aunque tomando trozos de COBOL resultando en algo moderadamente elegante y complejo que serviría como base para el desarrollo de los lenguajes de programación de los Laboratorios Bell.

RUNCOM (1963)

Louis Pouzin creó este lenguaje para CTSS y más tarde escribió el documento de Multics donde lo incluía. Este lenguaje es considerado el primer lenguaje de *scripting* (guion) desarrollado para ejecutar comandos dentro del sistema operativo.

JOSS (1963), TELCOM (1965), MUMPS (1967)

Reunimos estos lenguajes por tratarse de lenguajes con poco recorrido y estar todos ellos relacionados de alguna forma. Cliff Shaw es conocido por el desarrollo de JOSS, un lenguaje con muy pocos requisitos para ejecutarse en máquinas poco potentes y aún así bastante elegante. TELCOMP fue una de las influencias de JOSS implementado por Bolt, Beranek and Newman (BBN) del cual se derivan STRINGCOMP y MUMPS.

COWSEL y POP-I (1964)

Rod Burstall y Robin Popplestone en la Universidad de Leeds desarrollaron COWSEL basado en CPL y LISP que más tarde pasaría a llamarse POP-I. Un lenguaje para resolver problemas, con semánticas similares a LISP y potenciado por una pila de llamadas.

PL/I (1964)

Desarrollado en IBM y con influencia de ALGOL, COBOL y FORTRAN, es el primer lenguaje desarrollado con la idea de ser un lenguaje de propósito general y portable, que pueda ser utilizado sin cambios para diferentes computadoras y aunque no tuvo mucho éxito, fue la base para otros lenguajes como Pascal o C.

BASIC (1964)

Creo que la importancia de BASIC es indiscutible. El lenguaje BASIC mostró un camino más fácil para introducir a mucha más gente dentro del mundo de la programación. John Kemeny y Thomas Kurtz fueron los precursores y creadores de este lenguaje de programación.

ISWIM (1966)

Peter J. Landin desarrolló este lenguaje y aunque al igual que con PL/I este lenguaje no tuvo mucha difusión, asentó las bases de la programación funcional que aprovecharían otros lenguajes como LISP, ML o Haskell.

CORAL (1966)

I.F. Currie y M. Griffiths en el Royal Radar Establishment (RRE) influenciado por FORTRAN y JOVIAL es un lenguaje ideado para programación a alto nivel de aplicaciones de ingeniería y científicas para el control industrial donde la gestión de tiempo real es crucial, en sistemas de defensa militares, sistemas aeroespaciales y telecomunicaciones.

LOGO (1967)

El lenguaje LOGO tiene como principal mérito servir como primer lenguaje de programación para niños y personas completamente ajenas al mundo científico en general y de la computación en particular.

REFAL (1968)

El primer lenguaje de origen ruso tratado en esta saga, un lenguaje desarrollado por Valentin Turchin con características enfocadas en la concordancia (*pattern matching*) y para la inteligencia artificial que lo hacían superior a LISP gracias a su estructura interna en árbol en lugar de listas y el uso de la concordancia.

Forth (1968)

Forth es una contracción de "fourth" por dedicarse a la cuarta generación de computadoras. Desarrollado por Charles H. Moore y Elisabeth Rather en el Observatorio Nacional de Radio Astronomía de Kitt Peak, Arizona.

Lenguaje B (1969)

Este lenguaje desarrollado en los Laboratorios Bell por parte de Ken Thompson y compañeros como Denis Ritchie es el comienzo y la base que más tarde daría lugar al lenguaje C.

PILOT (1969)

PILOT fue el sucesor de Computest y un lenguaje conversacional o interactivo desarrollado por John A. Starkweather en la Universidad de California. Al igual que su hermano menor LOGO, fue una de las primeras incursiones en la tecnología de la instrucción asistida por computadora.

SETL (1969)

Jacob T. Schwartz desarrolló este lenguaje en la Universidad de Nueva York basándose en la teoría de conjuntos. Otro enfoque diferente a las listas de LISP o los árboles de REFAL y una de las influencias del lenguaje ABC del que se crearía más tarde Python.

TUTOR (1969)

Este lenguaje fue diseñado por Paul Tenczar en la Universidad de Illinois para la instrucción asistida por computador [CAI] o instrucción administrada por computador. Ideal para desarrollar lecciones para los alumnos.

Lenguajes no incluidos

Me temo que a lo largo de mi labor de investigación muchas veces al desechar un dato no anoto el porqué lo desecho o ni siquiera que deseché ese dato, por lo tanto no puedo proporcionar un listado de lenguajes no incluidos y sus motivos, pero intentaré proporcionar una lista de los que sí recuerdo para dejar constancia.

Los lenguajes descartados de momento:

- GPSS, ver (Fonsecai & Casanovas, 2009), no existe suficiente documentación sobre este lenguaje.

- MIMIC empleado para simulaciones, implementado en FORTRAN y con posibilidad de escribir código en FORTRAN.

- Mark-IV fue un intento de lenguaje de cuarta generación.

- Speakeasy aunque considerado un lenguaje en algunos listados, es más bien un entorno computacional.

- IITRAN fue un lenguaje para estudiantes con una sintaxis muy similar a PL/I.

- XPL, Experts' Programming Language o Lenguaje de Programación para Expertos.

- MAPPER, otro lenguaje de cuarta generación y de comandos de usuario sin mucho éxito.

- PPL, Polymorphic Programming Language o Lenguaje de Programación Polimórfico.

- IMP, ver (Irons, 1970), no existe suficiente documentación sobre este lenguaje, al menos en sus raíces de la década de 1960.

- Edinburgh IMP no existe suficiente documentación sobre este lenguaje para poder, al igual que los anteriores se han encontrado manuales e información que sitúan su aparición en la década de 1960 al igual que mencionan a algunos de sus creadores, pero poco más.

Los motivos son muy variados, algunos de los lenguajes tienen fuentes confusas, otros no suficiente información sobre el lenguaje o sus creadores y en otros casos los lenguajes no los entenderíamos hoy en día como lenguajes en sí sino más bien como una interfaz de comunicación entre un programa y su usuario o una simple modificación o extensión del lenguaje sobre el que han sido creados o un intento de simplificar otro lenguaje.

Acerca del libro

En las secciones anteriores ya hemos dejado claro qué encontrarás en este libro, hemos introducido el contexto informático en la década de 1960, queda clara la tendencia de esta década a obtener computadores más pequeños y sacar mayor partido de los computadores más grandes así como la evolución en la creación de programas.

En este libro me centro en transmitir con cada capítulo algún nuevo avance dentro de la década. De hecho, muchos de estos avances parecen ligados inicialmente a un lenguaje concreto aunque después estos lenguajes influyesen y sirviesen para avanzar más rápido en el desarrollo de otros lenguajes. Así es el caso de descubrir avances como:

- Las macros que dan lugar a macros en sí de otros lenguajes o pre-procesadores.
- La inteligencia artificial se ve potenciada a través de diferentes lenguajes en esta década.
- La manipulación de cadenas de texto y los primeros indicios de las expresiones regulares.
- Los conceptos básicos que darán lugar a la orientación a objetos.
- La implementación de sistemas basados en pila de llamadas.
- El primer lenguaje de scripting.
- La programación funcional.
- La programación en tiempo real.
- Tratamiento de listas, árboles y conjuntos.

Además de todos estos avances, tenemos muchos lenguajes pensados para el aprendizaje de la programación contando con LOGO, el lenguaje más simple y orientado a niños y otros lenguajes más específicos para según qué campos como BASIC para principiantes y TUTOR y PILOT para profesores y alumnos.

El libro intenta seguir una guía cronológica pero se centra por capítulo en un solo lenguaje comenzando en 1959 donde se da como punto de partida algunos de los lenguajes de programación desarrollados en ese año y que posteriormente tuvieron su momento de mayor uso en la década de 1960 o hablamos de lenguajes que aún teniendo un corto período de tiempo y comenzando en 1959, han influenciado a otros lenguajes y nos sirven de base para entender estos lenguajes.

En algunos momentos la narración puede centrarse en algunos personajes y serán de mayor interés aquellos personajes más notorios y que de forma transversal aparecen en muchos de los lenguajes.

Espero el texto te resulte ameno y encuentres inspiración en estos personajes y lenguajes. No olvides enviarme alguna reseña de qué te pareció el libro, me sirve para mejorar y progresar.

Más información en la web

Para obtener información sobre las siguientes ediciones, fe de erratas y comentarios, contactos, ayuda y sugerencias sobre el libro puedes acceder a la siguiente dirección:

altenwald.com/book/histlangprog60

Además puedes acceder a más contenido relacionado con el aprendizaje de lenguajes de programación y otras tecnologías en la web de la editorial de Altenwald:

altenwald.com

Capítulo 1. RPG y FARGO

> En el principio, Dios creó el cielo y la tierra. Luego creó RPG para ordenarlos.
>
> — Anónimo

Estos lenguajes desarrollados en 1959 dentro de IBM se encargaban de realizar una transición entre los sistemas de tabulación a las nuevas computadoras. Para entender mejor porqué estos sistemas de tabulación fueron tan importantes vamos a retroceder un poco en la Historia para entender en qué consistía esta máquina de tabulación y cómo ayudaba este lenguaje a realizar la transición a las nuevas máquinas.

El lenguaje RPG dadas sus siglas significa *Report Program Generator* o Generador de Programas de Informes y fue diseñado principalmente para la transición a máquinas de System/360.

Antes de RPG también existió FARGO, *Fourteen-o-one Automatic Report Generation Operation* u Operación de generación automática de informes 1401, pensado para la máquina IBM 1401. De este lenguaje hablaremos un poco más adelante.

Ahora comencemos por el principio, desde Hollerith.

1.1. Del censo de 1890 a IBM

Al igual que Charles Babbage muchos matemáticos como Herman Hollerith tenían trabajos mecánicos y muy pesados. Mientras que Babbage sabemos que construyó su Máquina Diferencial para ayudarle en las tareas de cálculo, en los Estados Unidos de América Hollerith se inspiró en conductores de los billetes de tren que hacían agujeros en posiciones diferentes para almacenar datos del pasajero.

Hollerith había sufrido la ardua tarea junto con muchos más estadistas de realizar el censo de 1880, aunque él solo estuvo en esa tarea hasta agosto de 1883, el censo no se concluyó hasta 8 años más tarde. Curiosamente entre 1882 y 1883 Hollerith fue también instructor de ingeniería mecánica en el Instituto de Tecnología de Massachusetts (MIT).

Hollerith entró a trabajar en la Oficina de Patentes durante aproximadamente un año y cuando dejó el trabajo publicó el desarrollo de una máquina para tabular estadísticas de población y recibió las patentes sobre esa máquina en 1889.

Este sistema se utilizó para el censo de 1890, el primero que se automatizó en cierto grado.

Al igual que con el telar de Jacquard y las Máquinas de Babbage, el uso de tarjetas perforadas fue el estándar de la época y Hollerith supo aprovechar esta tecnología para realizar las tablas necesarias para el censo de los Estados Unidos.

Las tarjetas disponían la información y según los datos de cada ciudadano se perforaban acumulando millones de tarjetas para ser contabilizadas más tarde por la máquina y obtener los resultados dependiendo de qué se quisiera o necesitara obtener.

Las máquinas funcionaron tan bien que de este trabajo surgió una organización comercial llamada Tabulating Machine Company o Compañía de Maquinaria de Tabulación.

Durante este período se vendieron muchas de estas máquinas no solo para realizar el censo de los ciudadanos sino también otras compañías las adquirieron para realizar facturas y otras muchas aplicaciones dentro del mundo empresarial.

El funcionamiento de estas máquinas consistía en introducir un conjunto de tarjetas perforadas. Estas perforaciones se situaban en un espacio concreto y según ese espacio tenían un significado u otro. Cuando estas tarjetas eran procesadas por la máquina, la máquina registraba el número realizando una suma en alguno de sus acumuladores. En versiones muy antiguas, las sumas se registraban en algún dial de la máquina mientras que las últimas versiones realizaban una impresión del acumulador por cada entrada de datos.

Existían tarjetas maestras con tan solo una perforación en un lugar específico que permitía a la máquina hacer una tarea concreta. Estas se conocían como cartas maestras. Estas podían tener información más completa como la información de un cliente para una factura y esta información era impresa en ese momento para después contabilizar las tarjetas de los artículos adquiridos uno a uno. Cuando se detectaba la siguiente tarjeta maestra la página imprimía el acumulador y expulsaba la hoja.

En 1911 la empresa pasó a llamarse Computer-Tabulating-Recordings Company y en 1914 Thomas J. Watson Senior se unió a la compañía cambiando su nombre definitivamente a International Business Machines Corporation o IBM.

1.2. La migración al IBM 1401

IBM compitió con Remington Rand Corporation durante el inicio del siglo XX. IBM lanzó en 1949 el IBM 407 y Remington Rand el Remington Rand 409. La competición duró hasta la década de 1950 cuando comenzó a surgir la computación y estas máquinas de tabulación fueron desplazadas.

Los computadores en la década de 1950 se distribuían con un lenguaje Autocoder, un ensamblador avanzado y algo pesado por lo que también incluían el Symbolic Programming System (SPS) también ensamblador pero más ligero que Autocoder. Con estos lenguajes, ¿por qué incluir FARGO en lugar de enseñar a los usuarios a desarrollar en ensamblador?

Cada gran cambio requiere de ayudas y para migrar de un sistema tan mecánico como las máquinas de tabulación a otros basados en programas como los computadores requería de un sistema que simulase la forma de interactuar con la máquina. Cuando IBM lanzó su serie IBM 1400 para sustituir a sus tabuladores IBM 400 agregó el lenguaje de programación FARGO.

De hecho, su nombre indica perfectamente su cometido: *Fourteen-o-one Automatic Report Generation Operation* u Operación de generación automática de informes 1401. Es decir, un programa para generar informes para el IBM 1401.

FARGO simulaba la noción del ciclo de la máquina y el material distribuido por IBM (Corporation, 1964) mostraba las relaciones entre el panel de control y la hoja de codificación del lenguaje de programación. El personal encargado de operar las máquinas de tabulación estaban acostumbrados a cambiar cables en el panel de control para obtener los resultados deseados sumando, restando, multiplicando y dividiendo.

Este personal era el usuario objetivo del lenguaje, los perfectos candidatos para aprender FARGO cambiando esta dinámica de conectar cables por escribir estas órdenes en una hoja de procesamiento.

Rellenando estas hojas se consigue un programa para procesar las tarjetas del mismo modo que funcionaban las máquinas de tabulación. Estas hojas eran necesarias y debían adquirirlas también a IBM al igual que las tarjetas perforadas que aún se seguían usando para la entrada de datos.

Una de las características del lenguaje es la interpretación de la información. No requería de un proceso de compilación solo del procesamiento de la hoja con las instrucciones para generar los datos de salida una vez se ha completado la cantidad de entrada esperada.

El uso de FARGO despuntó durante la explotación y migración a la serie IBM 1400 y aunque se ofrecieron simuladores para seguir utilizando FARGO en la serie System/360, en estos sistemas eran más empleados COBOL, FORTRAN y RPG.

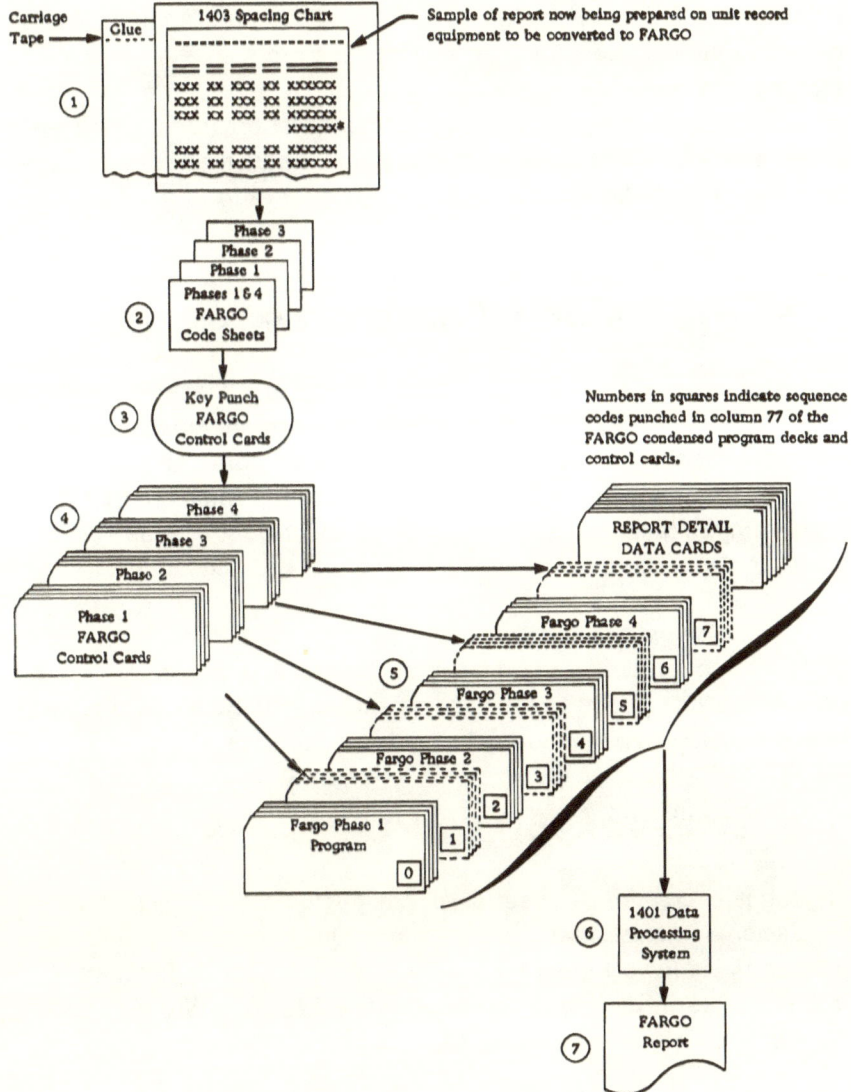

Figura 1. Hoja de Migración a FARGO

No se menciona en ningún documento quien creó FARGO pero veremos más adelante que hay razones para creer que FARGO y RPG fueron el mismo lenguaje pero con un cambio de nombre o un nombre específico por lo que cabe pensar que Wilf Hey fue su creador.

A lo largo del documento de FARGO de IBM (Corporation, 1964) se muestran ejemplos de cómo se escriben los programas en unas hojas formateadas para tal propósito y cómo a través de las fases mencionadas en la Figura 1 se va procesando el programa hasta tener preparada la hoja final que nos servirá para introducir en la máquina, se trata de un procedimiento manual para llevar a cabo lo que buscamos conseguir.

1.3. Impresión y Caracteres

En las primeras impresoras la disposición de los caracteres era muy limitada. No es como con UTF-8 o UTF-16 que disponemos de tablas de caracteres donde entran millones de posibles símbolos. En esta década para poder imprimir cajas, líneas y otros símbolos debían ordenarse a la impresora cambiar la secuencia de clasificación y emplear otro conjunto de caracteres diferente.

Así, cuando se ordena a la impresora que imprima el símbolo que en la tabla ASCII era relativo a la letra A, en otra tabla diferente el carácter que se imprime puede ser la esquina superior izquierda de una tabla para dibujar un marco donde se incluirán los números de los totales.

1.4. System/360 y RPG

El lenguaje creado para servir de migración de las máquinas de tabulación aún existentes a la serie de máquinas System/360 fue RPG por sus siglas *Report Program Generator* o Generador de Programas de Informes. Fue influenciado por el lenguaje FARGO y Wilf Hey fue su creador.

Hay muchos datos confusos con respecto al origen de FARGO y RPG dando a entender que ambos estaban disponibles en la serie de computadores IBM 1400 mientras que otros documentos argumentan que RPG 0 fue nombrado FARGO por ser específicamente para IBM 1401 mientras que RPG I y sus sucesivas versiones al estar basadas en otras series de computadores obtuvo el nombre genérico RPG.

Las fuentes que citan la creación e inclusión de RPG en la familia de IBM 1400 junto con FARGO aunque no dejan clara su relación indicando que RPG fue influenciado por FARGO y sin embargo, ¿cómo pudo influir FARGO en RPG si ambos sitúan su fecha de creación el mismo año? Si esa influencia es correcta, por fuerza FARGO debía existir antes de que RPG hubiese sido lanzado.

Por lo tanto parece más fehaciente que FARGO fuese la versión RPG 0 del lenguaje RPG y por ello ambos estuviesen disponibles en la serie de IBM 1400 mientras que FARGO tan solo podía correr simulado en la serie System/360 y sus otras versiones RPG I y sucesivas sí que se ejecutaban en System/360 (Kelly, 2009).

Otro de los motivos por los que se realizó un cambio de nombre de FARGO a RPG pudo ser porque la versión RPG 0 en la serie IBM 1400 tenía muchos fallos y por ese motivo se dedicase mayor tiempo al desarrollo de una versión superior y motivase el cambio de nombre.

1.5. ¿Cómo programamos en RPG?

Se dice de RPG que fue una versión mucho mejor que FARGO pero no hay ningún manual o guía de referencia que haya sobrevivido o haya sido almacenada. Quizás no se hizo ninguna al tiempo de su lanzamiento. Sin embargo, para RPG II lanzado a mediados de 1960 sí existe una guía de 1977 de Control Data Corporation (Corporation, 1977).

Este lenguaje es de tamaño fijo, es decir que cada espacio dentro de cada línea tiene un significado específico y no podemos agregar espacios o saltos de línea en cualquier sitio. El ancho de la línea es de 80 caracteres lo cual se corresponde al ancho de las tarjetas perforadas que tenían también 80 posiciones horizontales.

El código comienza reservando las primeras 2 columnas para el número de la página, las siguientes 3 columnas para la línea, la sexta columna para el tipo de hoja:

Cabecera (H)

Proporciona información perteneciente a la compilación.

Fichero (F) y Extensión (E)

Especificaciones de descripción de archivo y extensión. Describen los ficheros, tablas y cadenas de datos (arrays) a ser usados en el programa.

Contador de Líneas (L)

Proporciona información sobre las líneas de fichero impresas producidas por el programa.

Entrada (I) y Salida (O)

Describe los registros en los ficheros nombrados en F y E.

Cálculos (C)

Describe las operaciones a ser realizadas sobre los datos de entrada.

Cada hoja proporcionada al sistema solo puede ser de un tipo. Esto quiere decir que si necesitamos proporcionar información a ser impresa necesitamos una hoja de tipo H donde indiquemos toda la información a ser impresa directamente. Si necesitamos indicar el fichero para concretar el contenido de ese fichero necesitaremos una hoja F, datos de entrada en hojas I, los cálculos a realizar en hojas C y el formato de salida en hojas O.

El programador también puede introducir tablas o cadenas de datos como constantes, tablas de traducción que sí pueden cambiar y tablas de secuencia de clasificación alternativa para alternar el conjunto de caracteres. Esta información se agrega en las hojas H en columnas específicas.

Podemos ver un ejemplo de una hoja para cálculo (C) en la Figura 2 donde se muestran las columnas iniciales reservadas y ya mencionadas anteriormente y las operaciones ocupando los espacios titulados *Factor 1*, *Operation* y *Factor 2*. Podemos encontrar comentarios al final de cada línea.

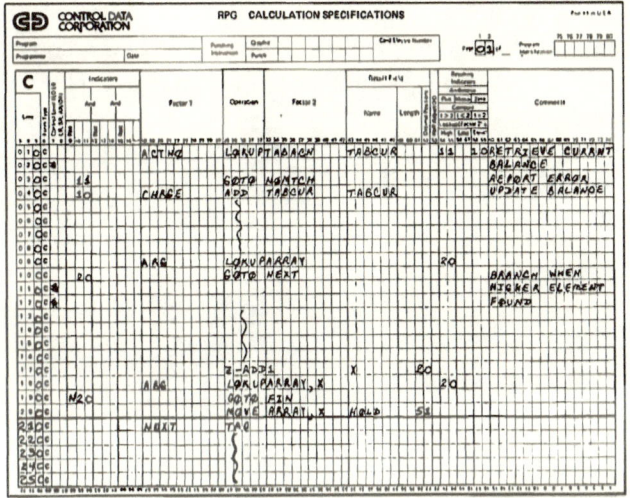

Figura 2. Especificación de Cálculo. Hoja C.

1.6. El presente y futuro de RPG

El lenguaje de programación RPG II fue muy extendido y utilizado durante la década de 1960 y 1970. A finales de 1970 fue lanzado RPG III y en 1994 RPG IV. A principios del siglo XXI RPG tuvo su mayor actualización cambiando la forma en la que se realizaban los programas y sigue a día de hoy siendo actualizado y usado.

No obstante, la restricción de espacio fijo no fue eliminada hasta 2015.

El lenguaje RPG ha estado disponible en diferentes sistemas operativos, no solo propiedad de IBM y hemos podido ver entornos como Visual RPG para .NET y se ha proporcionado la capacidad de conexión con base de datos estructuradas como el caso de DB2 de IBM con el RPG/400.

De hecho la comunidad de programadores de IBM i, donde RPG sigue siendo uno de los lenguajes de programación más usado, propuso a IBM renombrar el lenguaje de programación en el momento de publicar la nueva sintaxis donde se elimina la restricción de la posición fija e IBM declinó la propuesta (Woodie, 2020).

En definitiva, la comunidad sigue aún activa y hay mucho material para aprender a programar tanto para versiones como RPG II como RPG/400 y si tienes la necesidad o la oportunidad de trabajar con IBM i, entonces de seguro te toparás con RPG.

Capítulo 2. Bell SAP y las Macros

> Esta es la filosofía de UNIX. Escribe programas que hagan una cosa y la hagan bien. Escribe programas que trabajen juntos. Escribe programas que manejen flujos de texto, porque esta es la interfaz universal.
>
> — Douglas McIlroy

Como decíamos en el libro de los años 1940-1959, el lenguaje [SAP] se desarrolló en IBM para el IBM 704 y como base para FORTRAN, desarrollado por Roy Nutt, uno de los integrantes del proyecto FORTRAN en IBM.

Pero nuestra historia comienza en los laboratorios Bell a principios de la década de 1950. En los laboratorios usaban los IBM 650 junto con dos lenguajes orientados al problema a resolver, es decir, no eran de propósito general y habían sido desarrollados para ejecutarse de forma nativa en el IBM 650. Estos lenguajes recibieron el nombre de L1 y L2 o también Bell 1 y Bell 2.

Pero en los laboratorios Bell habían llegado al límite de la capacidad de los IBM 650 incluso empleando estos computadores en 3 turnos las 24 horas del día. Por lo tanto, en 1957 hicieron algunos acuerdos para reemplazar los 650 por los más grandes y rápidos IBM 704 (Holbrook & Brown, 1982).

Los IBM 704 incluían FORTRAN como lenguaje de programación y también el lenguaje ensamblador SAP sobre el que FORTRAN había sido construido. Al cambiar la arquitectura no pudieron seguir usando Bell 1 ni Bell 2, no obstante, los nuevos lenguajes provistos por el 704 abrieron la puerta a nuevas ideas.

Douglas McIlroy se unió a los laboratorios Bell en 1958. McIlroy se graduó de la Universidad de Cornell en ingeniería física y se doctoró en matemáticas aplicadas por el [MIT]. McIlroy junto con Douglas E. Eastwood aprendieron bien a usar las características provistas por SAP, sobre todo las macros.

 A lo largo de este capítulo podemos ver la definición de símbolos refiriéndose a expresiones. Es decir, en muchos documentos de la década de 1960 se asumía que los lenguajes procesaban símbolos que podían ser tanto operaciones matemáticas, como llamadas a funciones y otras acciones. En nuestros días estos símbolos son expresiones ejecutadas por el sistema para obtener un resultado o realizar una acción.

2.1. Las Macros

En 1959 Douglas McIlroy junto a Douglas E. Eastwood introdujeron condicionales y recursividad a través de macros en el popular lenguaje SAP asentando el concepto de macro a través de un documento publicado con el título *Macro Instruction Extensions of Compiler Languages* o Extensiones de Macro Instrucciones de Lenguajes de Compilación (McIlroy, 1960).

David Farber nos decía (Farber, 1971) que la introducción de la capacidad de macros en 1958 en los entonces existentes lenguajes ensambladores ha supuesto una actitud muy polarizada sobre su uso. Los fabricantes describían esta característica en sus manuales ilustrando el uso de la macro a través de la suma con tres datos, tres posiciones de memoria.

Estos ejemplos tan sencillos llevaron a la idea de las macros son un atajo que ahorra pulsaciones y es la visión que más permeó en la mente de los programadores.

Por otro lado y desafortunadamente, un pequeño grupo sin muchas publicaciones utilizaba las macros de otra forma más interesante y provechosa.

Figura 3. Douglas McIlroy

En el segundo grupo se encontraban McIlroy y Eastwood que propusieron la construcción de instrucciones más avanzadas a través de instrucciones simples de modo que estas instrucciones más avanzadas (o macros) pudiesen usarse y a la vez constituir piezas para crear otras más avanzadas.

Farber nos respondió a la pregunta qué es una macro aunque entendiendo que era una respuesta aún en proceso de trabajo o búsqueda para obtener una respuesta más clara y concisa. Para Farber, las macros tenían dos etapas. La primera etapa define el prototipo con algunos *tokens* sujetos a sustitución cuando se emplee el prototipo, la segunda etapa consistiría en la expansión del prototipo dados los argumentos para ser sustituidos que pueden provocar una expansión recursiva si los parámetros contienen a su vez otras macros.

La teoría es algo confusa por lo que podemos ir al artículo publicado por McIlroy y Eastwood donde muestran la forma en la que los programadores desarrollaban código en ese momento y muchas de las ideas contenidas en verdad son préstamos de cómo lo hacían otros pero mostrándolos de una forma más formal.

Las macros descritas a lo largo del documento se basan en mayor medida a las presentes en el computador Remington Rand UNIVAC aunque en este computador se empleaban con un lenguaje muy básico, las macros descritas a continuación parten de los generadores del UNIVAC.

2.1.1. Definiciones

Uno de los ejemplos provistos en el documento son las definiciones de las macros[1]:

```
ADD, A, B, C = FETCH, A
               ADD, B
               STORE, C
```

Aquí vemos el famoso ejemplo que criticaba Farber y que todo el mundo empleaba como atajo donde realizamos la acción de tomar A, agregarle el valor de B y almacenar el resultado en C. Todo esto dentro de la macro instrucción ADD.

Al no definir exactamente qué es A, B o C cabe la posibilidad de redefinir los símbolos para que sean en sí una acción, por ejemplo:

```
A = FETCH, A
B = FETCH, B
...
```

De este modo el código inicial se podría cambiar como:

```
ADD, A, B, C = A
              ADD, B
              STORE, C
```

E incluso podríamos definir A, B o C como acciones o instrucciones en sí, de modo que si creamos estas instrucciones:

```
SET, A, B = A
            STORE, B

SUM, A, B = A
            STORE, T
          T: redefine para T + 1
             B
          T: redefine para T - 1
            ADD, T

COS, X = X
         SUBJUMP, COS
```

En este bloque de código se hacen muchas asunciones por parte de McIlroy y Eastwood, en principio dan por hecho que habrá una forma nativa de redefinir el valor del almacenamiento temporal (representado por T) que se resuelva en tiempo de compilación. También se supone que debe existir una subrutina llamada *COS* a donde saltar y de la que retornar.

El uso de estas definiciones juntas nos permitiría escribir un código tal que así:

```
SET, C, (SUM, A, (COS, (SUM, A, B)))
```

Donde empleamos todas las definiciones anteriores y se van resolviendo de forma recursiva. De esta forma, almacenamos en C la suma de A y el coseno de la suma de A y B.

2.1.2. Condicionales

Los condicionales muestran una forma de ejecutar un código u otro en función de los valores utilizados dentro del bloque de la macro. Las macros condicionales fueron ideadas por muchos autores. En particular, Alan Perlis señaló que los algoritmos de traducción algebraica podrían expresarse en términos de macros condicionales.

Las macros se definirían de la siguiente forma:

```
SUM, A, B = if B is a symbol
                A
                ADD, B
            if B is not a symbol
                A
                STORE, T
          T: redefine T + 1
                B
          T: redefine T - 1
                ADD, T
```

En este código nos referimos con símbolo a otra definición, otra macro. Este código debe resolverse en tiempo de compilación y por tanto se conoce si A es una posición de memoria o es otra macro a ser resuelta.

Por lo tanto el código puede implementarse de dos formas, si el valor de B es otra macro se utilizaría el primer bloque de código y si se trata de una posición de memoria entonces emplearíamos el segundo bloque.

2.1.3. Bucles

Por último, tenemos en el documento las definiciones anidadas en combinación con los bucles.

Las macros anidadas son obra de los autores y J. Bennett. Bennett también trabajó en los laboratorios Bell. La anidación permite la definición de una macro que resulta en otra definición que puede ser llamada de nuevo. Es una forma recursiva, podemos verla aquí:

```
VARIABLE, A = A: reserve 1
             A = FETCH, A
```

De este modo al pasar una posición de memoria a VARIABLE, esta es redefinida a modo de expresión de modo que utilizada en otra macro tomaría el valor de la posición de memoria pasada.

Esta anidación tiene sentido en combinación con los bucles. Los bucles fueron obra de V. Vyssotsky. Estos bucles permiten repetir la ejecución de una instrucción sobre una lista de parámetros pasados. Por ejemplo:

```
VARIABLES, A = repeat over A
               VARIABLE, A

VARIABLES, (A, B, C)
```

Este código donde se anida la definición para obtener un valor dentro de VARIABLE se usa dentro del bucle para aplicar cada llamada a cada una y por tanto sería equivalente a:

```
VARIABLE, A
VARIABLE, B
VARIABLE, C
```

Por lo que constituye una forma mucho más corta de escribir el mismo código.

2.2. El origen de las técnicas

En el documento (McIlroy, 1960) estas técnicas se mencionan como conocidas, no son nuevas. En la introducción al mismo y al final del artículo nos da más información sobre el estado del mundo de la computación. En Remington Rand, en la máquina UNIVAC se habían incluido algunas de estas técnicas y Perlis también señaló que la compilación de macros puede realizarse mediante rutinas en gran medida independientes del lenguaje básico.

Hay otros lenguajes como MICA (Haigh) que emplea macros pero trabaja con lenguaje básico y M. Barnett sí desarrolló un analizador de lenguaje fuente de estilo variable, la rutina SHADOW pero carece de un mecanismo para extensiones.

Por último, los autores indican que la notación entre paréntesis y los símbolos son préstamos obvios del conocido arte de la traducción algebraica. Seguramente haciendo un guiño a ALGOL.

2.3. Influencia en TRAC

El lenguaje de programación TRAC se vio influenciado principalmente por los documentos publicados de McIlroy que dieron lugar a Bell SAP aunque también se inspiró en otras fuentes como COMIT (ver Capítulo 7), LISP (ver Capítulo 6) e [IPL] V.

Fue desarrollado por Calvin Mooers, un graduado en matemáticas por la Universidad de Minnesota y con un máster en matemáticas y física por el [MIT].

A Mooers le debemos el término *recuperación de información*, acuñada en un documento presentado en marzo de 1950 y la ley de Mooers, que no hay que confundir con la ley de Moore, que dice así:

Un sistema de recuperación de información tenderá a no utilizarse siempre que sea más doloroso y problemático para un cliente tener información que no tenerla. Cuando no se tiende a utilizar un sistema de recuperación de información, es posible que se tienda a utilizar incluso menos un sistema de recuperación de información más capaz.

En 1961 fundó Rockford Research Institute para desarrollar el lenguaje de programación TRAC y así controlar su distribución y desarrollo usando la ley de marca comercial y una única invocación al copyright. En esos momentos la ley de patentes no le permitía controlar lo que Mooers veía como su propiedad intelectual y ganar dinero de ella.

Figura 4. Calvin Mooers

Otra de las grandes aportaciones de TRAC traídas por Mooers fue la definición de lenguaje homoicónico. Etimológicamente el término homoicónico, de homo que significa *lo mismo* e icono que significa *representación*, significa *la misma representación*.

El nombre TRAC proviene de *text reckoning and compiling* o reconocer texto y compilar.

Uno de los grandes objetivos de diseño de TRAC fue su entrada de información a modo de guion. La idea era que la entrada de texto proporcionada por el usuario fuese idéntica al texto que guía la acción interna del procesador de TRAC. En otras palabras, **los procedimientos TRAC deben almacenarse en memoria como una cadena de caracteres exactamente como los escribió el usuario.**

Si los procedimientos de TRAC generan nuevos procedimientos, estos nuevos procedimientos también deben indicarse en el mismo guion a seguir. El procesador de TRAC en su acción interpreta este guion como su programa.

Al igual que otros lenguajes como APL o LISP, TRAC es un lenguaje orientado a la expresión en contraste con los lenguajes más típicos orientados al procedimiento pero a diferencia de APL este lenguaje carece de operadores. Es un caso de **lenguaje funcional puro**.

TRAC fue desarrollado como un paquete de software y lenguaje de usuario, es decir para dar el resultado a cada expresión dada por el usuario a medida que escribe. Es un lenguaje con el objetivo de ser conciso y eficiente y con una filosofía directa y una lógica versátil de alto orden (Mooers etal., 1965).

2.3.1. Propiedad Intelectual

Mooers no consiguió una patente del lenguaje y como quería comercializarlo sin que nadie le quitara la idea, decidió registrar su nombre. Una acción pionera en el campo en aquel momento y le llevó a querellarse contra [DEC] alegando que vender un computador con TRAC violaba el acuerdo de marca comercial.

Dr. Dobb's Journal en su primera publicación cargó contra Mooers por querer cobrar a la gente por su lenguaje de programación.

Más tarde se desarrollaría un lenguaje llamado SAM76 desarrollado por Claude Kagan con gran influencia en TRAC pero cambiando lo suficiente para no recibir una denuncia por parte de Mooers.

Russ Nelson crearía para Emacs un lenguaje llamado MINT (MINT Is Not TRAC).

2.3.2. El lenguaje

El lenguaje se basa en la escritura de expresiones que pueden realizar diferentes funciones, por ejemplo el programa ocioso:

```
#(ps,#(rs))
```

Este programa ejecuta la función rs, por sus siglas *read string* (lee cadena de caracteres) y tras obtener esta cadena de caracteres emplea el valor como parámetro de la función ps, por sus siglas *print string* (imprime cadena), por lo tanto el programa lee una cadena de caracteres y la imprime.

Las funciones primitivas definidas son:

ds

> *Define string* o define una cadena. Necesita dos parámetros, el primero será el nombre de la cadena y el segundo la cadena a almacenar.

ps, rs

> *Print string* o imprime cadena y *read string* o lee cadena. Tal y como vimos antes.

cl

> *Call* o llamada es la forma en la que podemos obtener el valor del parámetro pasado.

is

> *Insert string* o inserta cadena de caracteres permite introducir una carácter reemplazando una posición concreta dentro de la cadena de caracteres.

Segment string o segmento de cadena de caracteres permite la detección de una serie de caracteres dentro de la cadena, los marca y retorna los valores y la nueva cadena sin esos valores.

Las funciones que permiten hacer bifurcaciones son funciones que aceptan dos elementos para realizar una comparación y según el resultado evalúan la tercera expresión y en caso contrario la cuarta:

eq

Equal o igualdad.

gt

Greater than o mayor que.

Hay muchas más funciones relacionadas con las cadenas de caracteres y operaciones aritméticas e incluso funciones concretas para operaciones booleanas.

Un ejemplo un poco más completo:

```
#(ds, Almacena, (
    #(ds,
        #(ps, (Dame nombre--))#(rs),
        #(ps, (Dame texto--))##(rs)
    )
))'
#(cl, Almacena)'
Dame nombre--Letra'
Dame texto--A'
#(cl, Letra)'A
```

Como ves, el código se mezcla con los datos de entrada y salida. Pero podemos discernir la primera función que ejecuta una definición de cadena llamada *Almacena* y esta a su vez ejecuta una definición de cadena donde el nombre lo obtiene al imprimir *Dame nombre* y después solicitar la entrada del texto y el valor tras imprimir *Dame texto* y solicitar la entrada de texto sin evaluar.

La siguiente línea a ese bloque consiste en la ejecución y aquí es donde vemos la impresión del texto y nosotros introducimos *Letra* y después *A* con lo que se almacena en la variable *Letra* el texto *A*.

2.3.3. El presente y futuro de TRAC

Ted Nelson publicó en su libro Computer Lib (Nelson, 1974) al lenguaje TRAC como uno de los lenguajes recomendados para ser el primer lenguaje en ser aprendido para programar. Como dijimos antes, TRAC influyó a otros lenguajes como SAM76 y ML/I así como a la implementación de MINT para el Emacs de FreeDOS.

El lenguaje cuenta entre sus hazañas haber sido empleado también como lenguaje de scripting para el modem de FTP Software llamado PC/TCP y como interfaz en el renderizador Cray de Digital Productions para películas como Starfighter: la aventura comienza, de 1984.

El lenguaje TRAC T64 se empleó durante mucho tiempo, al menos hasta 1984 cuando Mooers lo actualizó y publicó TRAC T84.

2.4. Otros lenguajes similares

Aunque muchos de los siguientes lenguajes no reconocen en sus documentos de presentación tener una base o influencia en TRAC, sí es verdad que marcan como influencia únicamente a Bell SAP y sin embargo su sintaxis es muy similar a TRAC.

Como hemos visto, Mooers no dudó en demandar a DEC en su tiempo por incluir su software en sus máquinas sin pagar por él y Dr. Dobb's Journal le criticaba por querer cobrar el software a sus usuarios. Por lo que cabría esperar que nadie quisiera crear una vinculación con TRAC, solo por si acaso Mooers llegaba con una demanda.

Por lo tanto, hay otra serie de lenguajes que guardan un gran parecido y se emplean de forma muy similar a TRAC, en las siguientes secciones recogemos algunos de ellos.

El padre de SNOBOL (ver Capítulo 7), David J. Farber, escribió un lenguaje llamado GAP que según parece está mencionado en un documento que se perdió o nunca llegó a Internet (Farber, 1964). No obstante, el lenguaje no tuvo mucho recorrido, quizás fue como los primeros compiladores de Grace Hopper, porque casi inmediatamente Farber comenzó a trabajar en SNOBOL en esta misma década como veremos más adelante.

2.4.1. Un Macro-generador de Propósito General (GPM)

El macro-generador de propósito general ([GPM]) fue creado para simplificar la forma de escribir código en CPL. Veamos primero en qué consiste este lenguaje de macros para después ver cómo ayudó a escribir código para CPL. Este macro-generador fue escrito por Strachey del que hablaremos también más adelante (ver el Capítulo 12).

En principio, un macro-generador se asocia normalmente con una rutina simbólica de ensamblador. En muchos casos esta asociación se aproxima tanto que es muy difícil diferenciarlas y el sistema termina siendo conocido como macro-ensamblador. Pero el macro-generador no tiene porqué ligarse a un lenguaje ensamblador como es el caso de GPM.

GPM es un procesador de flujo de símbolos según su definición (Strachey, 1965). El lenguaje asume que hay un flujo de entrada de cadenas de caracteres y generará la salida de las mismas cadenas de caracteres a menos que encuentre símbolos que le hagan evaluar los caracteres de otra forma según alguna macro-llamada definida.

Este concepto se ilustra mejor con un ejemplo. Si el flujo de entrada es el siguiente:

```
Dada la suma §SUMA,350,1;.
```

Al recibir el texto se irá generando la salida hasta encontrar el símbolo de sección (§) que considera al siguiente texto como el nombre de la macro-llamada (SUMA) hasta encontrar la primera coma (,) y todos los textos siguientes separados por comas como parámetros hasta llegar al punto y coma final (;).

Para que esta macro sea evaluada debe haberse definido antes, la macro-llamada, deberíamos haber insertado este texto previamente:

```
§DEF,ADD,<~1+~2>;
Dada la suma §SUMA,350,1;.
```

El símbolo de virgulilla (~) se emplea para incrustar los parámetros en el punto que necesitemos y por tanto, la ejecución anterior nos dará como resultado el siguiente texto:

```
Dada la suma 350+1.
```

No tiene mayor dificultad. Es un reemplazo de texto bastante simple. Por supuesto, podemos anidar las llamadas a funciones, puesto que el carácter de sección (§) se emplea para abrir la llamada y el punto y coma (;) para cerrar, además de muchas características adicionales de que dispone el lenguaje.

¿Pero qué utilidad puede tener un lenguaje con estas características?

GPM fue originalmente desarrollado con un propósito práctico de ayudar en la compilación del lenguaje CPL como dijimos inicialmente. Por alguna razón no comentada en el documento una sección de este compilador consiste en la manipulación de una estructura de árbol llevada a cabo con la ayuda de la pila.

El problema de programar en CPL era la gran cantidad de código que había que traspasar a las tarjetas perforadas. Mucha repetición, por lo que GPM se convirtió en el primer pre-procesador en generar código a través de atajos predefinidos. Como mencionaron sus autores:

> Cada uno de estos elementos de control puede codificarse en unos pocos órdenes de máquina, posiblemente incorporando uno o más parámetros, y fue el deseo de evitar escribir (y perforar) largas cadenas de estos lo que llevó al desarrollo del GPM.

Por tanto podemos decir que GPM fue de gran utilidad para todos aquellos que comenzaron utilizando el lenguaje CPL que veremos más adelante pudiendo escribir (o perforar) menos código.

2.4.2. El desconocido TTM

De este lenguaje se guarda únicamente un documento. No hay más, la página de la Wikipedia relativa al lenguaje menciona la introducción del documento y los ejemplos contenidos en el mismo haciendo un resumen de la referencia de las funciones y funcionalidades, pero no se puede decir mucho más de él, así que estudiaremos el documento (Caine & Gordon, 1968) y extraeremos la información.

El lenguaje TTM fue influenciado principalmente por TRAC aunque no se mencione, ya veremos en los ejemplos que así fue y otros menos conocidos como GAP o GPM. Este lenguaje está orientado a la cadena de texto, es de propósito general y de procesamiento de macros. Fue publicado en 1968 por Steven H. Caine y E. Kent Gordon en el Instituto de Tecnología de California.

Hasta aquí tenemos la definición básica pero no qué significa TTM. En el documento no lo aclara.

En la introducción del documento los autores mencionan los objetivos iniciales del lenguaje como un desarrollo que llegaría a ser una porción del macro procesador del IBM System/360 y salvar las restricciones e inconsistencias conocidas de los ensambladores estándares. Además, fue diseñado para tener todo el potencial de los macro ensambladores generales previos pero con la eliminación de las desafortunadas dificultades de sus sintaxis y semánticas.

La versión inicial de TTM fue implementada para ejecutarse de forma conversacional. Esto es, de forma interactiva para el usuario en el [CTSS] para el IBM System/360.

Aquí podemos ver un ejemplo de código y su semejanza con TRAC:

```
#<ds;def;<##<ds;name;<text>>##<ss;name;subs>>>
#<ss;def;name;subs;text>

#<def;XX;34;12345>

#<XX;0000>
```

Este código nos da una idea de que, salvando las diferencias en los símbolos, las funciones primitivas reciben el mismo nombre. En este caso definimos def y después utilizamos ss para implementar un intercambio, cuando utilizamos def e indicamos XX como el nombre de la nueva función indicamos el patrón a eliminar de la cadena y en la última llamada realizamos la sustitución por 0000 por lo que el resultado final es 1200005.

Realmente no hay mucho más de este lenguaje salvo el documento que escribieron sus autores (Caine & Gordon, 1968) y donde dan toda la información de cómo es su sintaxis, que es un experimento y ni siquiera responden a la pregunta de qué significa TTM. Queda pendiente mucha labor de investigación en este sentido pero creo que merece la pena mostrar un lenguaje influenciado por TRAC justo en esta pequeña sección.

2.5. Futuro y presente de las macros

El uso de macros hoy en día es muy cotidiano y aunque ha evolucionado hasta nuestros días dentro de lenguajes de programación o incluso aplicaciones que proveen acciones tan potentes como las fórmulas de las hojas de cálculo o las cartas modelo dentro de procesadores de texto, está claro que dentro de los lenguajes de programación han proliferado también con la potencia de ayudar a escribir menos pero también la advertencia de ser empleadas con sumo cuidado por dificultar la detección de fallos.

A lo largo de los siguientes capítulos seguiremos viendo el empleo de estos lenguajes ya que como nos indicó GPM, estos lenguajes no han sido empleados de forma aislada sino que han supuesto un complemento en la programación junto a otros lenguajes como CPL.

Así mismo, la proliferación de los macro ensambladores, que debemos entender como algo diferente a los lenguajes de macro en general, también proliferaron de forma aislada para potenciar la programación de elementos repetitivos dentro de estos lenguajes. En este caso, a diferencia de los lenguajes de alto nivel, el empleo de las macros era aconsejado y de mayor utilidad y en ese sentido Bell SAP o Macro SAP supuso una base que muchos otros lenguajes tomarían como referencia.

[1] Debido a que no quiero problemas con la imprenta he modificado el símbolo usado en el documento original de la equivalencia (tres líneas paralelas) por la igualdad (dos líneas paralelas), ya que este segundo es más estándar.

Capítulo 3. La expansión y caída de ALGOL

> El debido crédito debe ser dado a los genios diseñadores de ALGOL 60 quienes incluyeron recursividad en el lenguaje y me permitieron describir mi invención (Quicksort) tan elegantemente al mundo.
>
> — Tony Hoare

En el libro anterior comentamos la creación de [ALGOL], como lenguaje debería ser uno de los más recordados junto con COBOL por ser creado por un comité formado por científicos de muchos y diferentes países.

De entre los más recordados científicos de la computación, aunque en realidad la mayoría de ellos eran matemáticos o físicos, destacan Edsger W. Dijkstra, Niklaus Wirth, Peter Naur, John Backus o Sir Charles Antony "Tony" Richard Hoare.

Pero, ¿por qué mientras que la mayoría de programadores de hoy en día recuerdan FORTRAN, COBOL o LISP, no son capaces de situar qué fue ALGOL? (Wayne, 2020)

Uno de los grandes problemas cuando ALGOL 60 fue publicado fue su falta de estandarización de aspectos muy necesarios para la creación de software empresarial. Es decir, todas las versiones de ALGOL contaban con un lenguaje único con respecto a la sintaxis estandarizada y la forma de escribir el código, pero carecían de un consenso en algo tan importante como la entrada y salida de datos, lo que dificultó su uso práctico fuera de los documentos (*papers*).

Este problema motivó la implementación ad-hoc de ALGOL de modo que surgieron muchas implementaciones para diferentes arquitecturas con diferentes capacidades y finalmente otros lenguajes derivados aunque completamente influenciados únicamente por ALGOL.

3.1. El estándar ALGOL 60

Siguiendo al esfuerzo de la publicación del informe de ALGOL 58 se sucedieron muchos esfuerzos en el desarrollo de otros lenguajes. En EE.UU. el informe fue usado y empleado como una guía para crear lenguajes algebraicos como NELIAC, MAC y JOVIAL, algunos de estos los veremos más adelante.

Por otra parte, el desarrollo de ALGOL continuó en ambos subcomités de [GAMM] y [ACM]. El enfoque de los americanos estaba principalmente en los aspectos prácticos del lenguaje. Querían mejorar y extender el lenguaje para agregarle tipos y facilidades para la entrada y salida de datos además de organizar un poco más la sintaxis.

En EE.UU. la programación se había convertido en un campo profesional y la experiencia ganada con los lenguajes de programación existentes proporcionó una buena retro-alimentación a los esfuerzos invertidos en ALGOL.

En Europa, el subcomité de GAMM continuó con el desarrollo del lenguaje ALGOL y el concepto de procedimiento y el alcance de las variables fueron los temas más discutidos. Los europeos se enfocaron en mejorar el lenguaje en sí para simplificar las complejidades de los procedimientos de ALGOL 58.

Echaremos un vistazo al progreso sucedido desde ALGOL 58 durante esta década (Perlis, 2008).

3.2. La notación Backus Naur (BNF)

Una de las grandes aportaciones al proyecto fue en 1959 por parte de John Backus de una notación para escribir la sintaxis de los lenguajes de programación. Esta notación se denominó inicialmente *Backus Normal Form* aunque más tarde y gracias a los aportes de Peter Naur llegaría a conocerse como *Backus Naur Form*, ambas abreviadas como [BNF].

La notación de Backus fue un medio para definir la sintaxis del lenguaje de programación (Backus, 1959) de modo que todos implementasen el mismo lenguaje, mientras que las mejoras que Naur propuso para BNF mejoraban la legibilidad. Esta notación se empleó para definir ALGOL 60 lo que resultó en una forma más simple de definir el lenguaje de programación.

Tras la última reunión en Mainz de la parte europea del equipo de desarrollo de ALGOL, Peter Naur escribió un borrador del lenguaje discutido en la reunión. Dentro de su documento altamente estructurado describiendo la sintaxis usando BNF, Naur quiso convencer a los miembros del comité de ALGOL 60 de usar esta notación o una notación formal similar.

Solo tras la publicación del informe de ALGOL 60 fue que la notación BNF comenzó a tener mayor popularidad. Hacer que el comité de ALGOL usara esta notación en lugar de las descripciones del lenguaje en texto natural no fue el tema controvertido. El informe de Naur fue elegido como la base para las discusiones y la base para el nuevo lenguaje. Como resultado, Peter Naur fue también invitado para ser el editor del informe final.

3.3. La reunión de París

Del 11 al 16 de enero de 1960 se mantuvo la reunión de París en el Hotel des Londres organizada por IBM. De acuerdo con Perlis, la reunión fue agotadora, interminable y estimulante. El proceso fue diligente y la química de los 13 excelente. El proceso fue constante y el resultado ALGOL 60. En lugar de agregar algunas correcciones a ALGOL 58 fue un rediseño completo del lenguaje de arriba a abajo.

Durante la reunión, varios temas complejos fueron discutidos en subcomités, después de completar su trabajo lo reportaron al resto del comité.

Uno de los temas principales de la reunión de París fue el concepto complejo del procedimiento. Problemas conocidos y nuevos sobre este concepto fueron resueltos por varios subcomités:

- La distinción entre los parámetros de entrada y salida fue eliminada.
- Se inventó la distinción entre *llamada-por-nombre* y *llamada-por-valor*.

Hubo discusiones sobre la recursividad y fueron Wijngaarden y Dijkstra quienes telefonearon desde Amsterdam a Naur para solicitarle que incluyera en el informe que la recursividad podía ser posible. Según Bauer, esta fue la trama de Amsterdam para incluir la recursividad.

El último día, Naur expuso su borrador permitiendo a todos leer cada parte del lenguaje completo y sin cambios y entonces cada miembro podría anotar cambios propuestos de forma similar a los empleados en el borrador. Después de tomar todas estas propuestas de cambios el comité al completo procedió a votar cada una sucesivamente.

Al final de la reunión tenían listo un informe casi completo por parte de Peter Naur. Sin embargo, unas doce horas después del fin de la reunión Naur consideró que había algunas inconsistencias en el concepto del procedimiento. Para solventar estos problemas, las discusiones continuaron por correo.

Parece que el tema fue muy controvertido. Las propuestas aceptadas no fueron entendidas por el autor y solo las rechazadas parecían alternativas coherentes. Afortunadamente, una de las propuestas por correo solucionó el problema. En febrero, se realizaron los últimos cambios para agregar la recursividad y algunos programas de ejemplo también. Finalmente, el 2 de marzo de 1960 fue publicado el informe final (Backus etal., 1960).

3.4. El lenguaje

Creo que podemos comenzar viendo un ejemplo de código y a partir de ahí revisar qué tenía ALGOL 60[1]:

```
begin
    integer h;
    procedure do_it;
    begin
        integer i, j;
        procedure increment;
        begin
            i := i + 1;
            h := h + 1;
        end;
        i := j := h := 0;
        for j := 1 step 1 until 100 do increment;
    end;
    do_it;
end;
```

Podemos ver la definición de las variables h, i y j. Este es un buen ejemplo porque se ve algunas de las carencias de ALGOL 60, principalmente en el alcance de las variables y la anidación de procedimientos que resulta bastante curiosa.

En este ejemplo, la variable h se define al inicio y es accesible desde todo el programa y el sub-procedimiento definido como increment tiene acceso a las dos variables definidas dentro del procedimiento do_it. De este modo, cada vez que se ejecuta increment se tiene acceso y se pueden modificar las variables i y h.

Aquí también vemos que el ejemplo carece de un mecanismo para extraer datos.

3.5. Quicksort

Haremos una parada para ilustrar un poco la frase que abre este capítulo y es que Tony Hoare, da crédito a ALGOL 60 por incluir recursividad y poder así expresar en su documento (Hoare, 1961) su algoritmo Quicksort. Pero, ¿cómo llegó a mejorar el algoritmo MergeSort de von Neumann?

Figura 5. Sir C.A.R. "Tony" Hoare

Cuando Tony Hoare estuvo visitando la Universidad Estatal de Moscú en 1959, trabajando en un proyecto de una máquina de traducción para el Laboratorio de Física Nacional, se encontró con un problema. Como parte del proceso de traducción necesitaba ordenar las palabras en sentencias rusas antes de buscarlas en un diccionario Ruso-Inglés, que estaba en orden alfabético dentro de una cinta magnética.

Como primera idea implementó la ordenación por inserción pero era muy lenta. Entonces tuvo una idea. Hoare había escrito la parte de la partición en Mercury Autocode pero tenía un problema tratando con la lista de segmentos desordenados. No pudo avanzar.

A su regreso a Inglaterra le pidieron que escribiera código para ShellSort pero Hoare le dijo a su jefe que conocía un algoritmo más rápido. Su jefe se apostó 6 peniques a que no era más rápido y no conseguiría nada más rápido. Hoare se propuso entonces implementar su idea motivado por la apuesta y lo consiguió. Su jefe tuvo que reconocer que estaba equivocado (Hoare, 1961).

Para entender por qué Hoare le da tanto crédito a ALGOL 60 solo hay que ver lo conciso, claro y corto que es el algoritmo:

```
procedure partition(A, M, N, I, J); value M, N;
          array A; integer M, N, I, J;
begin real X; integer F;
        F := random(M, N); X := A[F];
        I := M; J := N;
up:     for I := I step 1 until N do
            if X < A[I] then go to down;
        I := N
down:   for J := J step -1 until M do
            if A[J] < X then go to change;
        J := M;
change: if I < J then begin exchange(A[I], A[J]);
                      I := I + 1; J := J - 1;
                      go to up
                      end
else    if I < F then begin exchange(A[I], A[J]);
                      I := I + 1
                      end
```

```
else    if F < J then begin exchange(A[F], A[J]);
                    J := J - 1
                end;
end     partition

procedure quicksort(A, M, N); value M, N;
        array A; integer M, N;
begin integer I, J;
        if M < N then begin partition(A, M, N, I,
J);
                        quicksort(A, M, J);
                        quicksort(A, I, N)
                end
end     quicksort
```

Como vemos, la definición del procedimiento se basa en dos llamadas, la primera a una función de partición que se encarga de dividir la lista de elementos en dos posicionando los punteros I y J para más tarde volver a ejecutar las funciones de quicksort sobre cada uno de los segmentos dividiendo hasta llegar a un tamaño de segmento tan pequeño que podemos realizar la comparación y cambio de los elementos y obtener como resultado la lista completamente ordenada.

Hoare quiso dar reconocimiento a Peter Naur, Edsger W. Dijkstra y Peter Landin por enseñarle ALGOL 60 en aquel momento. Según comenta Hoare: *se debe dar crédito a los diseñadores de ALGOL 60 que incluyeron la recursividad en su lenguaje y me permitieron describir mi invención de manera tan elegante al mundo.*

Este algoritmo es a día de hoy de los más rápidos (Hoare, 1962). En la década de 1990 McIlroy hizo algunas modificaciones y agregó mayor precisión al procedimiento de partición, no obstante, el algoritmo sigue manteniendo su eficacia y se sigue usando en muchos lenguajes de programación actuales.

3.6. La primera implementación de ALGOL

La primera implementación de ALGOL se realizó en los Países Bajos de mano de Edsger Dijkstra y Jaap A. Zonneveld. Esta implementación fue para la máquina Electrologica X1 y por tanto se llamó X1 ALGOL 60 en agosto de 1960.

La siguiente implementación llamada simplemente ALGOL 60 fue para un CDC 1604 en los EE.UU. por parte de Edgar T. Irons.

La siguiente, para un Burroughs Large System corrió a cargo de Tony Hoare con ayuda de Dijkstra. También en los EE.UU. a lo largo de 1961.

A lo largo de 1961 se sucedieron otra serie de implementaciones de ALGOL como Case ALGOL para el UNIVAC 1107, el GOGOL para el PDP-1, Peter Naur ayudó a Jørn Jensen a implementar en Dinamarca el DASK ALGOL para un DASK, y en los subsiguientes años se siguieron implementando el países como Suecia, Alemania, Italia, Reino Unido, Francia, Canadá, Noruega, URSS, Polonia y China.

Figura 6. Edsger W. Dijkstra

Sin embargo, ALGOL 60 no era perfecto y varios integrantes del equipo de ALGOL comenzaron a trabajar en recopilar sugerencias, otros en implementar mejoras en variantes de ALGOL 60 y pronto el comité comenzó de nuevo a trabajar en la nueva versión.

3.7. SMALGOL

Con las primeras implementaciones, algunos se preguntaron si podría existir un ALGOL para *máquinas pequeñas* definiendo a estas dentro de un grupo específico donde se mencionaban algunas máquinas de la época con muy poca potencia en comparación con los últimos avances de la década.

La respuesta no fue una implementación concreta sino un nuevo lenguaje que pasó a llamarse SMALGOL-61 (Bachelor etal., 1961). Este lenguaje en sí no constituía un dialecto sino más bien un subconjunto de ALGOL-60.

Pero, ¿por qué un compilador para ALGOL sería tan complicado? El comité que se encargó del desarrollo de este dialecto emitió tres motivos:

1. Hay menor espacio de memoria en el que escribir el programa.

2. Hay menos códigos de operación potentes para usar mientras se escribe un programa.

3. Es difícil producir programas sin elementos como los mencionados antes, el uso de memoria de alta velocidad y almacenamiento en cinta para minimizar la potencia, entre otros.

Al tratarse de un subconjunto, un programa hecho para SMALGOL en verdad podría compilar y funcionar sin problemas con ALGOL, este fue uno de los requisitos planteados para su creación junto con ayudas para escribir código para hacer más fácil su compilación y una reducción en las palabras clave y la funcionalidad del lenguaje.

Como idea para propagar ALGOL no fue mala para dar cabida al lenguaje en máquinas antiguas, sin embargo sí consta una frase que abre el Capítulo 23 donde Ken Thompson menciona que su lenguaje B tuvo influencia de esta implementación concreta de ALGOL, quizás porque empresas como los Laboratorios Bell usaban máquinas pequeñas.

3.8. THE

Entre 1965 y 1968, Dijkstra dirigió un grupo con el que creó el *THE multiprogramming system* o *THE OS* como un sistema operativo que permitía ejecución por lotes y multitarea aunque no fue diseñado como multi-usuario.

El sistema implementó por primera vez el uso de semáforos, tenía memoria virtual paginada y un búfer para E/S (entrada/salida) además de disponer un compilador de ALGOL 60.

Dijkstra nunca nombró al sistema de ninguna forma, [THE] es simplemente la abreviación de *Technische Hogeschool Eindhoven* (Universidad de Tecnología de Eindhoven).

3.9. Hacia ALGOL 68

Como no sabían exactamente cuándo se lanzaría la siguiente versión de ALGOL, el nombre propuesto para el siguiente borrador fue ALGOL X. En este borrador se comenzaron a incluir todas las sugerencias de mejora sobre los problemas prácticos no anticipados.

Las propuestas en las que trabajaron los comités fueron recogidas por parte de Gerhard Seegmüller quien se reunió con Samelson y Bauer para recopilar todo. Estas propuestas se fundamentaban en dar más riqueza al lenguaje agregando más tipos de datos, mejorar las declaraciones de variables y contantes, definir nuevos operadores y más usos avanzados para procedimientos.

Adriaan van Wijngaarden trabajó en la confección del borrador de ALGOL X y agregó también ALGOL Y. ALGOL Y era un metalenguaje o pre-procesador para ALGOL X tal y como lo mencionó en su publicación *Generalized Algol* (van Wijngaarden, 1963) donde nombraba a ALGOL como una máquina *M0* alimentándose del programa en un extremo y produciendo valores por otro extremo y dentro de *M0* encontramos dos máquinas llamadas *M1* y *P1* donde la primera vuelve a ser la máquina en sí a un nivel más bajo y *P1* es un pre-procesador que realiza cambios y simplificaciones para *M1*.

Figura 7. Adriaan van Wijngaarden

En esta alusión cabe pensar como matemático que si la numeración *M0* y *M1* representan máquinas autocontenidas y en el nivel 1 existe *P1* como un paso anterior a *M1*, ¿cabría esperar encontrar dentro de *M1* un nuevo conjunto sucesivo de *M2* y *P2*?

También hubo otras propuestas, como la propuesta de Niklaus Wirth y Tony Hoare quienes hicieron algunos cambios desde ALGOL 60 para producir ALGOL W. Una de las características más llamativa fue la flexibilidad para definir tipos de forma flexible a través de registros (*record*), expresiones booleanas y más tipos de datos.

```
RECORD COUNTER (
    INTEGER I, H;
)
```

```
REFERENCE(COUNTER) PROCEDURE
INCREMENT(REFERENCE(COUNTER) C);
BEGIN
    I(R) := I(R) + 1
    H(R) := H(R) + 1
    R
END

INTEGER PROCEDURE DO_IT();
BEGIN
    REFERENCE(COUNTER) C;
    INTEGER J;

    J := I(C) := H(C) := 0;
    FOR J := 1 UNTIL 100 DO
        INCREMENT(C)
    I(C)
END
```

Aunque en este ejemplo de código podríamos también haber incluido la función INCREMENT dentro de DO_IT, en este caso he preferido hacer la separación para mostrar cómo la referencia es pasada a la función cada vez para realizar el incremento dentro de los contadores. En este caso tan solo retornamos desde DO_IT el valor I contenido dentro del registro.

No obstante, el comité no consideró los cambios de ALGOL W como relevantes o suficientes y decidieron elegir ALGOL X para llegar a ALGOL 68.

En el MIT, Douglas T. Ross llevó a cabo una implementación de esta especificación en un lenguaje que denominó [AED-0] *Automated Engineering Design* o Diseño de Ingeniería Automatizado, aunque las siglas también se entendieron como *ALGOL Extended for Design* o ALGOL Extendido para el Diseño. Fue una de las propuestas para Multics como veremos en el Capítulo 16.

Esto no detuvo a Niklaus Wirth que empleó la base de sus modificaciones hechas en ALGOL 60 y posteriormente ALGOL W como base para sus muchos lenguajes que desarrolló más tarde como Euler en el Capítulo 11.

3.10. ALGOL 68

Los cambios realizados en ALGOL 68 fueron principalmente para definir más *objetos* e incluso nuevas *clases* de estos objetos. El objeto aquí es entendido como un tipo de dato, en este caso un número entero, un número en coma flotante, una cadena de caracteres o incluso un vector.

Las clases se emplearían para definir nuevos de estos tipos a través de grupos de datos principalmente. La nomenclatura de objetos y clases fue tomada de Tony Hoare (Duncan, 1967).

```
type person (integer date of birth;
             boolean male;
             (person) father, elder sibling,
youngest offspring);

(person) T;

T := person(1908, true,,,);
```

En este código hemos definido el tipo person y hemos declarado una variable de este tipo llamada T para después darle los valores en la asignación de datos.

Podemos ver en este caso que al no proporcionar datos son tomados como valores vacíos. Equivalentes al null introducido por Tony Hoare.

 Tony Hoare diría en una conferencia en 2009 (Hoare, 2009) que el invento de la referencia nula o *null* fue su error del billón de dólares en 1965. En ese momento estaba estaba trabajando en ALGOL W y el sistema de tipos para las referencias. Su objetivo era hacer seguro todo uso de las referencias con una comprobación realizada a nivel de compilador. No pudo resistir la tentación de colocar la referencia nula porque era muy fácil de implementar. Esto ha llevado a innumerables errores, vulnerabilidades y roturas (*crashes*) de sistemas que bien pueden haber costado un billón de dólares de dolor y daños en los últimos 40 años.

Consideraron que la definición de clases para los tipos serían más fáciles de hacer así:

```
class expression is constant (real value) ora
variable (string printname)
    ora class pair is (sum ora difference ora
product
        ora quotient)((expression) left operand,
right operand,
        derivative);
```

Esto quiere decir que la expression es constant definida como real value o una variable definida como string printname o un tipo pair que es definido como sum o difference o product o quotient y todo este tipo pair definido como una expresión de left operand, right operand y derivative.

Sí, sigue siendo algo confuso, pero esta definición de clase nos permite emplear las siguientes declaraciones:

```
(expression) X;
(constant) Y;
(pair) Z;
```

```
(product) Q;
```

Podemos inicializar cada una así:

```
X := Y := constant(10.5);
Z := Q := product(variable('ALPHA'),
constant(2.0), constant(2.0));
```

Es decir, la expresión puede definirse como una constante al igual que podemos utilizar también directamente la constante y el par (*pair*) puede equipararse al producto y contener un tipo compuesto por una variable y dos constantes.

Sí, es algo confuso y complejo, no te preocupes, no eres el único que vio ALGOL 68 complejo. Como veremos, esto trajo algunos problemas y que ALGOL 60 fuese la influencia más utilizada.

3.11. ALGOL en Japón

Podemos destacar que en 1969 surgió ALGOL-N como una nueva variante de ALGOL en Japón. Esta variante se basó en la simplicidad de ALGOL 60 pero agregando la potencia de ALGOL 68 (Igarashi etal., 1969).

Nobuo Yoneda fue conocido en el mundo de la computación por crear dialectos de ALGOL y estuvo involucrado en la creación de ALGOL 68 (Duncan, 1967). Dotó a ALGOL-N de capacidad para la extensibilidad y facilitar así la creación de lenguajes de dominio específico o [DSL].

Sus objetivos eran la simplificación y compactación de la descripción de la sintaxis. Como decíamos, para simplificar la extensión del lenguaje y hacer la vida de los programadores más fácil.

3.12. El legado de ALGOL

ALGOL es quizás el lenguaje más desconocido hoy en día pero que mayor influencia ha tenido en casi todos los lenguajes de programación más conocidos. Con el objetivo de mostrar algunas de sus influencias puedes echarle un vistazo a la Figura 8. En los siguientes capítulos hablaremos de algunos de estos lenguajes.

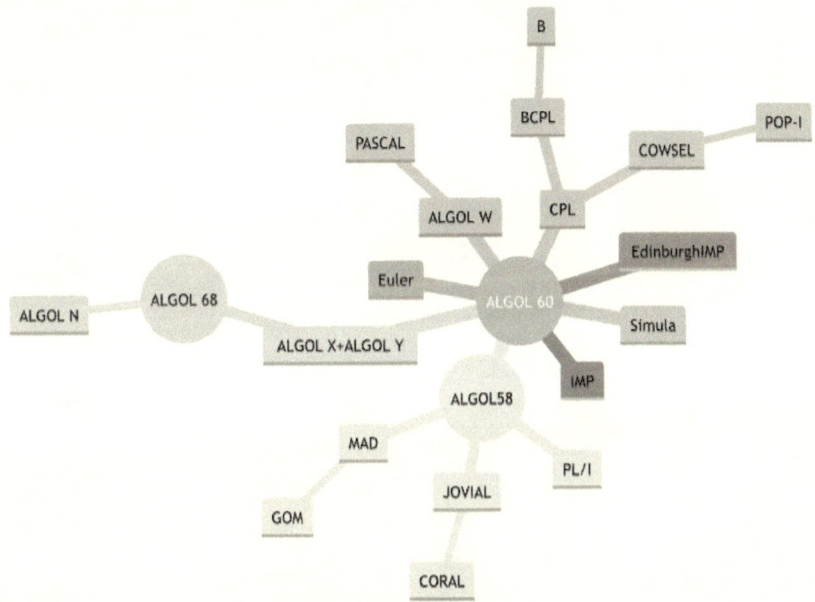

Figura 8. Las ramas de ALGOL

[1] El ejemplo ha sido extraído de un repositorio de Github github.com/JvanKatwijk/algol-60-compiler.

Capítulo 4. GAT, MAD y MAD/I

> Compiladores como FORTRAN y MAD comprueban típicamente las ineficiencias obvias de un programa ensamblado y producen programas editados más cortos y rápidos que el original.

— Dennis Ritchie

Como dijimos en el Capítulo 3 hay lenguajes que derivaron directamente de ALGOL 58 y el lenguaje [MAD] (*Michigan Algorithm Decoder* o Decodificador Algorítmico de Michigan) fue uno de ellos. El lenguaje MAD fue desarrollado por parte de Bruce Arden, Bernard Galler y Robert M. Graham en la Universidad de Michigan tal y como su nombre indica.

En 1959, la Universidad de Michigan disponía de un computador IBM 7090 y proporcionaba servicios de ejecución en lote (*batch*) y deseaban operar con sus instalaciones informáticas de forma abierta para sus estudiantes, usuarios y personal, los cuales son miles de usuarios en su mayoría novatos, aunque muchos de ellos, sobre todo el personal y profesores, ya habían utilizado otros compiladores y traductores anteriormente.

El decodificador de algoritmos de Michigan (MAD), en funcionamiento desde febrero de 1960, fue desarrollado con el propósito específico de capacitar a un gran número de estudiantes universitarios y manejar un gran volumen de problemas de investigación universitaria.

Figura 9. Robert M. Graham

Pero antes de MAD, sus creadores estuvieron involucrados en otros compiladores o traductores y tuvieron que salvar algunas dificultades.

4.1. De GAT a MAD

Robert M. Graham era hijo de un emigrante escocés, se crió en la granja de sus abuelos hasta que con 6 años de edad su padre consiguió empleo y se mudaron a una pequeña ciudad. Se graduó en la Universidad de Michigan en Matemáticas aunque tuvo que hacer una parada porque participó en la guerra de Korea. Fue en su destino en Tokyo cuando Graham comenzó a interesarse por los computadores. A su regreso y al terminar sus estudios pronto comenzó a trabajar en el Centro de Computación de la Universidad de Michigan.

Uno de los principales problemas en la computación desde los inicios era la diferencia entre las arquitecturas de los computadores. El lenguaje máquina de unos computadores era completamente diferente al lenguaje máquina de otros computadores, las compañías no compartían conocimiento en este sentido y al igual que al desarrollar los lenguajes de programación, cada compañía tenía su visión acerca del lenguaje máquina a implementar en sus máquinas.

Este problema de incompatibilidad aparecía también en máquinas desarrolladas dentro de las mismas empresas. Por ejemplo, las máquinas IBM no disponían del mismo lenguaje máquina entre ellas y por ese problema, cuando una máquina era reemplazada o se disponía de diferentes máquinas, como era el caso de la Universidad de Michigan, era difícil tener un compilador que funcionase para todas ellas.

La Universidad de Michigan empleó el compilador [IT] durante bastante tiempo en su IBM 650 pero al adquirir un nuevo IBM 704, la arquitectura cambió y con ello el lenguaje máquina haciendo que los programas escritos en este lenguaje fuesen incompatibles.

En 1958, Graham publicó un documento llamado *Traducción de código entre lenguajes algebraicos* (Graham, 1958) donde mostraba un proyecto para traducir el código escrito en [IT] del IBM 650 a FORTRAN para el IBM 704. El proyecto tenía dos objetivos:

1. Proporcionar los medios para que la traducción de un programa de IBM 650 pudiera ser ejecutado en un IBM 704 sin tener que reescribir y comprobar el programa resultante.

2. Estudiar el problema de la traducción de código de un lenguaje a otro.

Esta publicación tuvo su semilla en [GAT] (1957), un lenguaje de programación realizado para el IBM 650 que simplificase la forma de programar. Este lenguaje fue creado en colaboración con Bruce Arden, quien se unió a Graham en el Laboratorio de Investigación Estadística.

Bruce Arden había servido entre 1944 y 1946 en la Marina de los Estados Unidos como técnico de radar. Posteriormente estudió y se graduó como Ingeniero Electrónico en la Universidad de Purdue en 1949 comenzando su carrera profesional en la computación en General Motors con computadores de IBM. No obstante, siguió sus estudios recibiendo un máster en matemáticas en 1955 de la Universidad de Michigan.

El gran conocimiento de Arden sobre la arquitectura de las máquinas IBM fue de gran ayuda para Graham y la construcción de GAT. El lenguaje GAT era increíblemente fácil de usar y pronto muchos usuarios de la Universidad comenzaron a utilizarlo.

Las características del sistema eran (Arden & Graham, 1959):

1. Una única pasada. Las instrucciones optimizadas de la máquina de 5 tarjetas se producen directamente a partir de las declaraciones originales. Se generan las instrucciones de indizado y coma flotante.

2. Variables. Los nombres de las variables son letras con subíndices, como en IT, aunque se permite un conjunto mayor de letras. Las variables son números enteros de punto fijo o punto flotante y los subíndices son recursivos.

3. Constantes. Las constantes pueden escribirse en una declaración y puede ser de coma flotante, coma fija o recursivas. Es decir, que refieran a otra constante.

4. Subrutinas. Las subrutinas se llaman utilizando nombres alfanuméricos arbitrarios. Todas las subrutinas son reubicables.

5. Jerarquía operativa convencional. Las expresiones sin paréntesis se interpretan según las convenciones algebraicas comúnmente aceptadas.

6. Entrada/Salida. La información numérica o alfanumérica, identificada por sus etiquetas simbólicas apropiadas, puede leerse o producirse como salida durante la ejecución del programa.

7. Aritmética mixta. Se pueden incluir en una misma expresión variables o constantes con números enteros, de coma fija o de coma flotante.

8. Declaraciones de iteración. Las variables de iteración pueden ser de coma fija o coma flotante y es posible realizar una transformación arbitraria de la variable designada. Además, los valores inicial y final pueden ser expresiones arbitrarias.

9. Manipulación de matrices. La variable base y la longitud de la fila se pueden especificar en una declaración de dimensión como

variables enteras. Por tanto, durante la ejecución, las regiones pueden reasignarse esencialmente y las submatrices pueden considerarse matrices independientes.

Tal y como mencionan los autores, existe una influencia del lenguaje de programación IT de Perlis para el desarrollo de GAT y el uso del lenguaje para la resolución de los problemas en las clases propició un aumento del uso de los computadores en la Universidad de Michigan.

La programación en la Universidad de Michigan estaba tan normalizada entre los estudiantes y profesores, principalmente de los departamentos de matemáticas que Bernard Galler, un poco escéptico cuando llegó a la Universidad de Michigan en 1955, tomó su primer curso de programación en 1956 empleando el IBM 704. Tal fue su experiencia que pronto llegaría a sumarse a los esfuerzos de Graham y Arden en el Laboratorio de Investigación Estadística. Galler comenzó sus estudios en la Universidad de Chicago donde se licenció en matemáticas en 1947 y posteriormente fue a la Universidad de Los Ángeles donde obtuvo su doctorado.

Aunque hoy en día es común que al adquirir una computadora las otras en uso se desechen, en la década de 1960 las computadoras eran máquinas enormes y muy caras. Cuando una Universidad adquiría una computadora esperaba poder emplearla al menos durante 10 años o más. Uno de los problemas de emplear las computadoras más antiguas es su velocidad. Las nuevas computadoras eran cada vez más rápidas y el empleo de los compiladores no constituían un problema gracias a su potencia. Pero como decíamos, la Universidad de Michigan tenía aún computadoras antiguas como el IBM 7090.

Galler, Graham y Arden comenzaron en 1959 el desarrollo de [MAD]. Como decíamos, el lenguaje de programación MAD fue un avance en el desarrollo de los lenguajes de programación dentro de la Universidad de Michigan, tuvo como objetivo su implementación en el IBM 7090, ser más rápido y proporcionar mejores características de las que proporcionaba GAT.

El equipo de la Universidad de Michigan consideró la necesidad de un entorno con un traductor extremadamente rápido con un lenguaje con restricciones mínimas. MAD fue escrito para cumplir estos requisitos. ALGOL 58 proporcionó el patrón básico para el lenguaje y en la medida en que podemos decir que ALGOL 58 es como ALGOL 60, podemos también decir que MAD es un compilador ALGOL.

Aunque los criterios de diseño se cumplieron satisfactoriamente, la generalidad de expresión permitida redujo en algunos casos la eficiencia del programa objeto en comparación con el producto a partir del lenguaje fuente restringido.

Algunos datos de velocidad compartidos fueron la compilación de 84 programas en 20 minutos usando el Sistema de Monitorización Bell del 7090.

En 1959 se realizaron algunas publicaciones, pero el lenguaje MAD no estuvo disponible para sus usuarios hasta febrero de 1960 (Arden etal., 1961). Aunque sus creadores mantienen que hubo influencia de ALGOL 58 e incluso ALGOL 60, Jean Sammet diría (Sammet, 1969):

> Mientras que MAD fue motivado por ALGOL 58, no se parece a ALGOL 58 de manera significativa.

Tabla 1. Prueba Comparativa

Computador	Tiempo de compilación	Tiempo de ejecución
220 (BALGOL)	51 seg	1100 seg[*]
704 (MAD)	42 seg	222 seg
709 (FORTRAN)	182 seg	94 seg
7090 (FORTRAN)	79 seg	29 seg
2000 (ALTAC)	119 seg	170 seg

[*] El tiempo añadido del 220 es de 185 microsegundos.

El consultor Bob Forest escribió la Tabla 1 en un artículo titulado *BALGOL en Stanford: un compilador rápido en un computador lento* (Forest, 1961).

Como habíamos mencionado, MAD se creó para ser un compilador rápido a la hora de compilar y agregar nuevos programas. En la Universidad de Michigan el caso de uso más común era la confección de programas de un solo uso ya fuese para resolver un problema puntual o como prueba. Por lo tanto, en esta tabla el compilador más recomendable es MAD.

Echemos un vistazo a cómo se escribía código en MAD.

4.2. El lenguaje MAD

Para expresar ecuaciones, como la famosa ecuación de segundo grado que seguro la recordarás del colegio, se puede expresar de la siguiente forma:

```
X = (-B + SQRT.(B * B - 4 * A * C)) / (2 * A)
Y = (-B - SQRT.(B * B - 4 * A * C)) / (2 * A)
```

Así obtenemos los dos valores en X e Y para la ecuación de segundo grado dados los valores de A, B y C. Pero MAD tiene también condicionales, iteradores y la ejecución de funciones que podemos definir nosotros mismos también. Por ejemplo, definamos la función de máximo número dado un vector:

```
        EXTERNAL FUNCTION MAX.(N,A) ①
        INTEGER J, N ②
        Z = A(0) ③
        THROUGH BACK FOR J = 1, 1, J .G. N ④
BACK    WHENEVER Z .L. A(J), Z = A(J) ⑤
        FUNCTION RETURN Z ⑥
        END OF FUNCTION ⑦
```

```
ST    READ DATA
      M = MAX.(6,Q)
      PRINT RESULTS M
      TRANSFER TO ST
      END OF PROGRAM
```

① El nombre de la función definida es MAX.

② Especificamos el contenido que tendrán las variables J y N

③ Inicializamos Z con el valor de A(0) y comenzamos el bucle

④ Este bucle parece más a FORTRAN que a ALGOL en sí pero con la diferencia de la condición

⑤ El condicional se ejecuta para cada elemento mientras el índice J siga siendo menor que N

⑥ Al final se retorna Z

⑦ Finalizamos la función

El resto del código escrito realiza una lectura de datos de entrada. Puede tratarse de una tarjeta, una cinta magnética o cualquier otro medio de entrada de datos y llama a la función para determinar el valor máximo del vector leído, imprime los resultados y vuelve de nuevo.

MAD encaja por tanto en el tipo de programas *spaguetti* porque nos permite definir etiquetas y realizar saltos o transferencias del control del programa a ese punto concreto.

Hasta el momento, sabemos que los usuarios empleaban la carga de programas por lotes para ejecutar sus programas en las máquinas. No obstante, en esta década surgió un movimiento que supuso un cambio en la forma de realizar la computación. Los sistemas operativos darían la posibilidad a sus usuarios de ejecutar sus programas de forma concurrente o compartiendo el tiempo de ejecución.

4.3. De lotes a tiempo compartido

El acceso a la máquina por parte de la cantidad de usuarios de la Universidad de forma directa planteaba algunas dudas como: ¿trabajarían con un lenguaje de fuente algebraico? La mayoría de compiladores son algo pesados como hemos podido ver y para programas que finalmente no se mantienen durante mucho tiempo puede ser un desperdicio computacional.

John Backus, creador de FORTRAN, dijo en 1954 durante una sesión de verano en el MIT que por tiempo compartido entendía que un gran computador podía ser usado como varios más pequeños pudiendo tener una estación de trabajo para cada usuario. Computadores de la época como el IBM 704 no eran lo suficientemente potentes como para hacer esto, pero a finales de 1958 se probó en esta misma máquina la adición de una máquina de escribir para obtener una interfaz interactiva desde la que escribir las líneas de un programa y recibir los resultados desde la computadora.

Christopher Strachey publicó en 1959 un documento titulado *Tiempo Compartido en Grandes y Rápidos Computadores* (Strachey, 1959) para la Conferencia de Procesamiento de Información de la UNESCO en París. Strachey veía la posibilidad de conectar una consola (como un teletipo) a un computador desde el que un programador pudiese realizar una depuración de un programa mientras otro programa se ejecuta en el computador al mismo tiempo. Conoceremos a Strachey más adelante (ver Capítulo 12).

La depuración de programas era un problema muy importante debido a que el procesamiento por lotes requería en ocasiones de un día completo en caso de requerir cambiar un código para obtener sus resultados. John McCarthy escribió un memorandum (McCarthy, 1959) a P. M. Morse proponiendo crear un sistema de tiempo compartido. La visión del comité creado en el MIT para el sistema de tiempo compartido fue el uso de un mismo computador por parte de muchos usuarios al mismo tiempo.

En 1961 algunos comandos habían llegado a ser operativos para el IBM 709 y Fernando J. Corbató mostró el sistema bautizado como *Sistema de Tiempo-Compartido Experimental* (Corbató etal., 1962). Corbató junto con M. M. Daggett y R. C. Daley publicaron un documento sobre el sistema y lo presentaron a la Conferencia Conjunta de Computación de Primavera de 1962. La implementación corrió a cargo de Daley, Peter R. Bos y al menos otros 6 programadores más.

La implementación de este sistema y su posterior demostración constituyeron el primer sistema de tiempo compartido y se convirtió en la versión inicial del *Compatible Time-Sharing System* [CTSS].

Maurice Wilkes fue testigo de la presentación de CTSS. La presentación le inspiró y creó en la Universidad de Cambridge el Titan Supervisor para la máquina Atlas 2. También marcó una influencia en Multics (ver Capítulo 13). Galler se unió al MIT en 1963 donde participó en el desarrollo de Multics donde tuvo varias responsabilidades en el desarrollo del núcleo de este sistema operativo, ¿puede ser casualidad que Multics dispusiera de un compilador de MAD?

CTSS incorporó algunos lenguajes de programación y entre ellos MAD. De entre los programas creados en MAD hubo algunas utilidades del sistema como RUNOFF pero también un programa que revolucionó la Inteligencia Artificial de la época: Eliza.

4.4. Eliza, la máquina que responde

Eliza comenzó a desarrollarse entre 1964 y 1967 por parte de Joseph Weizenbaum. Eliza fue creado para explorar la comunicación entre humanos y máquinas simulando una conversación usando una metodología de concordancia (*pattern matching*) y sustitución que daba a los usuarios la sensación de que el computador entendía lo que se le decía.

Eliza fue por tanto uno de los primeros chatbots y uno de los primeros programas capaz en intentar el test de Turing.

Figura 10. Joseph Weizenbaum

Weizenbaum quedó atónito con el hecho de que algunas personas, incluida su secretaria, atribuyesen sentimientos al programa del computador. Muchos académicos pensaron que el programa podría impactar de forma positiva la vida de muchas personas, principalmente aquellos con problemas psicológicos y que podría ayudar a los doctores en el trabajo de tratar a estos pacientes. Mientras que Eliza era capaz de entablar una conversación, no podía conversar con verdadera comprensión. Sin embargo, muchos usuarios tempranos de Eliza estaban convencidos de su inteligencia y entendimiento, a pesar de que Weizenbaum insistía en lo contrario.

El código fuente de Eliza escrito en MAD-SLIP, un dialecto de MAD mezclado con LISP se perdió y fue descubierto de nuevo en 2022 entre los archivos del MIT. Sin embargo, el libro publicado por sus descubridores está disponible tan solo en alemán (Höltgen & Baranovska, 2022).

4.5. MAD/I

La evolución de MAD fue MAD/I (1965) que parece que fue basado en MAD, ALGOL 60 y PL/I. Este nuevo lenguaje tuvo como objetivo IBM System/360.

Con esta serie de computadores, IBM parece que aprendió e hizo compatibles a los IBM System/360, System/367 y System/370 pudiendo compartir el software compilado para cualquiera de ellos. Esto marcó un hito en el que se presentaban arquitecturas y lenguajes máquina más estables dentro de máquinas de la misma familia o serie.

Esta serie también presentaba la potencia y características necesarias para el avance y expansión de los sistemas operativos de tiempo compartido.

Con la llegada de estos computadores y la adaptación de MAD para su uso sobre esta infraestructura surgió la idea de crear un nuevo sistema operativo llamado el Supervisor de Multi-Programación de la Universidad de Michigan [UMMPS] (1967). El objetivo era que el sistema operativo dispusiera de las siguientes características:

1. Multi-programación. Que permita la ejecución de más de un programa al mismo tiempo.

2. Multi-proceso. Que permita la ejecución de diferentes procesos.

3. Memoria virtual. Uso de la memoria de forma virtualizada para no ligar al programa a una porción concreta.

4. Supervisor de tiempo compartido. Un programador de tareas que dé turno de ejecución a cada programa.

5. Programas reentrantes. Programas que pueden ser interrumpidos para ejecutar otros programas y volver a ellos más tarde.

Arden estuvo al cargo del diseño de la arquitectura de la memoria virtual con IBM y no fue el único cambio requerido para MAD/I, para aprovechar las ventajas de la memoria virtual e incrementar la facilidad de desarrollo se implementó la posibilidad de crear tipos de datos y la sobrecarga de los operadores para poder realizar operaciones con estos datos.

MAD/I además implementó el uso de macros a través de un intérprete de macros para darle mayor flexibilidad.

No obstante, estos cambios hicieron que se perdiera la compatibilidad entre MAD y MAD/I y teniendo en cuenta que MAD fue puesto a disposición de sus usuarios 5 años antes, muchos programadores de MAD se acostumbraron a las peculiaridades del lenguaje y convirtieron algunos de sus defectos en ventajas a la hora de escribir código. El problema al realizar un cambio tan grande y perder la compatibilidad con un sistema en uso y tan estudiado por sus usuarios fue que trucos que habían alcanzado gran popularidad en MAD no podían emplearse en MAD/I y los viejos hábitos son difíciles de eliminar (Mills, 1968).

4.6. MAD Magazine y Alfred E. Neuman

Aunque el nombre proviene de unas siglas (*Michigan Algorithm Decoder*) fue en realidad un nombre buscado y con relación a la famosa revista MAD. De hecho se dice que si un programa de MAD presentaba demasiados errores de compilación se imprimía directamente una fotografía de Alfred E. Neuman en arte ASCII (Figura 11).

El texto que se imprimía decía algo como:

> Consulta a este hombre acerca de tu programa. Quizás quiera publicarlo. Él nunca se preocupa, pero por el aspecto de tu programa, tú deberías.

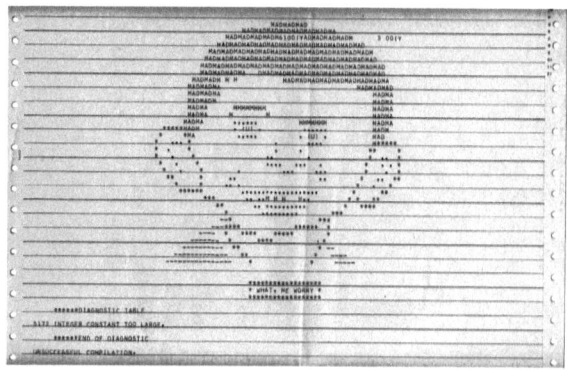

Figura 11. Alfred E. Neuman (MAD)

El lenguaje GAT provenía de IT y se empleó otro nombre porque en realidad el lenguaje era diferente. Sin embargo, en el caso de MAD en realidad comenzaron con un esfuerzo de proporcionar un compilador ALGOL solo que finalmente lo simplificaron para cubrir sus requisitos y por lo tanto Galler sugirió que no se llamase ALGOL ni nada parecido. Era diferente tal y como mencionó Sammet.

En el departamento la revista MAD era famosa así que Galler les escribió una carta. La revista cómica MAD era una sátira muy colorida creada en 1952 para satirizar productos de consumo de la sociedad estadounidense, especialmente los productos relacionados con los medios de comunicación. Alfred E. Neuman era el presentador o mascota cuyo rostro representaba al estadounidense promedio.

Galler dijo que mantuvieron una interacción muy divertida con el personal de la revista y cuando les pidieron permiso para emplear el nombre MAD, les respondieron en una carta muy divertida diciéndoles que les llevarían a los tribunales y demás pero acabando con una postdata donde decían "Claro, adelante". Desafortunadamente esa carta se perdió.

4.7. Las raíces de la Programación

El lenguaje MAD es quizás tan desconocido hoy en día como ALGOL y ambos tienen en común haber creado la base necesaria para que otros programadores que llegaron después empleasen el conocimiento vertido en estos esfuerzos para crear grandes piezas de software que sí perduran entre nosotros.

El lenguaje MAD se sitúa como una de las influencias de Brian Kernighan, en sus propias palabras:

> Creo cuando más me divertí programando fue durante un trabajo de verano en el Proyecto MAC en el MIT en 1966. Trabajé en un programa para crear una cinta de trabajo para el nuevo GE 645 en los primeros días de Multics. Estaba escribiendo en MAD, que era mucho más fácil y agradable que el FORTRAN y COBOL que había escrito antes y estaba usando CTSS, el primer sistema [operativo] de tiempo compartido, que era infinitamente más fácil y agradable que las tarjetas perforadas.

Por lo tanto, podemos concluir que el lenguaje MAD y los avances ligados a este lenguaje comenzaron un movimiento de mejora continua en el mundo de la computación en general y la programación en particular que seguiría influenciando los siguientes avances como veremos en los siguientes capítulos.

Capítulo 5. La evolución de COBOL

> Las buenas intenciones no garantizan la compatibilidad en los lenguajes de programación.
>
> — Robert Berner

[COBOL] 60 fue el nombre que recibió la primera versión de este lenguaje de programación desarrollado por: un comité en ACM, el Departamento de Defensa de los EE.UU. a través de un patrocinio y un grupo de empresas de entre las que se encontraba Remington-Rand, división de Sperry-Rand, Inc. donde trabajaba en esa fecha Grace Hopper, a quien se atribuye la creación de este lenguaje de programación.

Grace Hopper no estuvo sola, no obstante tuvo un papel principal y fue la principal interesada debido a que su lenguaje FLOW-MATIC se tomó como una de las referencias e influencias. El informe aceptado por el comité [CODASYL] el 8 de enero de 1960 y cuyo informe se publicó en abril de 1960 reza los siguientes participantes:

- Air Material Command, U.S. Air Force, quienes propusieron [AIMACO] como lenguaje de referencia.
- Oficina de Estándares, Departamento de Comercio.
- Computer Science Corporation.
- Datamatic Division, Minneapolis-Honeywell Corporation.

- David Taylor Model Basin, Oficina Naval, U.S. Navy.

- ElectroData Division, Burroughs Corporation.

- International Business Machines (IBM) Corporation, quienes tuvieron alguna que otra interacción con el comité para intentar tumbar el proyecto y propusieron también [COMTRAN] como lenguaje de referencia.

- Radio Corporation of America (RCA).

- Remington-Rand Division of Sperry-Rand, Inc.

- Sylvania Electric Products, Inc.

Este informe de 140 páginas detalla información acerca de las reuniones llevadas a cabo, los participantes, algo de la historia del proceso y el lenguaje. Sobre todo habla de cómo escribir código en COBOL 60.

Figura 12. Grace Hopper

La importancia de COBOL radica en ser el primer lenguaje acordado por comité y entre fabricantes para implementar en todas las máquinas en desarrollo en esos momentos de la misma forma. Es decir, alguien que aprende a programar en COBOL puede escribir el mismo programa para una máquina IBM, una Burroughs, UNIVAC y otras máquinas de los fabricantes ligados al proyecto sin necesidad de cambiar nada y obteniendo el mismo resultado.

A lo largo de 1960 el número de fabricantes en incorporar COBOL creció, entre ellos International Computers and Tabulators, Bendix, Control Data Corporation, General Electric [GE], National Cash Register y Philco. La idea principal de empresas como IBM o GE era incorporar COBOL en sus lenguajes, COMTRAN y GECOM respectivamente. Sin embargo, otros como International Computers and Tabulators hicieron todo lo contrario, reemplazaron sus lenguajes por COBOL.

El primer compilador estuvo disponible para un RCA 501 el 17 de agosto de 1960 y a principios de diciembre también en un UNIVAC de Sperry-Rand demostrando la interoperatividad entre ambos.

 El planteamiento inicial de COBOL acerca de cómo se creó y otras historias fue cubierto en un libro anterior titulado *Historia de los Lenguajes de Programación: años 1940-1959* (Rubio Jiménez, 2021).

También puedes ver algo más sobre COBOL en el proyecto Programando Otra Historia [https://youtu.be/0AlYPk214Z8] en Youtube.

5.1. COBOL 60

Charles Katz, quien estuviera anteriormente en EMCC trabajando junto con Mauchly y posteriormente con Hopper para la creación de lenguajes como MATH-MATIC, formó parte tanto del grupo que especificó ALGOL 60 y ALGOL 68 y en este caso, como líder en programación en General Electric, informó de fallos de ambigüedad en la definición de COBOL 60 cuando trabajaba él y su equipo en la integración de los detalles de COBOL para GECOM.

Por otro lado, en IBM Barry Gordon estaba al cargo de las

implementaciones de compiladores. IBM era una de las empresas más grandes del sector y su posición con respecto a COBOL era un elemento clave para su aceptación. Se formó un pequeño comité dentro de IBM para trabajar en la integración de COBOL dentro de COMTRAN permitiéndole tener algunas características, particularmente las formas computacionales de FORTRAN.

Finalmente, el 27 de enero de 1960 IBM incluiría un COBOL básico en COMTRAN informando un 80% de compatibilidad, Honeywell declinó el uso de FACT y Wegstein clamaba tener 100% de compatibilidad con COBOL. En febrero de 1960, Barry Gordon dijo (Berner, 1971):

> Parece que los plazos para lograr una versión de COBOL que sea satisfactoria para todas las computadoras existentes y propuestas retrasarían indebidamente la producción de procesadores para Commercial Translator por parte de IBM. Estamos revisando nuestro manual actual de COMTRAN para representar nuestra mejor solución a estos problemas. Nuestras intenciones son revisar el lenguaje COMTRAN para incluir nuevos desarrollos, tanto de nuestros propios esfuerzos como de los del comité COBOL.

El comunicado fue el primer paso para comenzar a poner el foco en el lenguaje. Sin embargo, Gordon seguiría trabajando en una versión divergente de COMTRAN que no incluía COBOL, mientras que la versión oficial desarrollada por Tom Glans, Roy Goldfinger y Robert Berner sería el esfuerzo para mezclar COMTRAN y COBOL en un solo lenguaje.

El esfuerzo en desarrollo por mantener COMTRAN y las promesas emitidas por IBM le hicieron plantearse su postura y en septiembre de 1962, cuando el éxito de COBOL se hacía palpable Robert Ruthrauff le dijo al comité:

> Tenemos la intención de hacer de COBOL nuestro lenguaje de desarrollo y no planeamos desarrollar más el lenguaje COMTRAN en sí.

5.2. COBOL 61 y 65

El trabajo de aclarar la sintaxis del lenguaje fue un trabajo de fondo. En 1961 se presentó una versión mejorada y con correcciones de COBOL llamada COBOL 61, de la que Joe Cunningham diría acerca de su sintaxis que ya estaba tan bien definida como la de ALGOL. Sin embargo aún presentaba esos problemas de ambigüedad que no fueron subsanados hasta más adelante.

En 1963 se publicaría finalmente una nueva extensión para COBOL 61 llamada COBOL 61 Extended que incluiría funciones específicas para la ordenación (*sort*) y ahora sí, las correcciones para subsanar las ambigüedades detectadas en 1961 por Katz y otros.

No obstante, aún habría otro problema que tratar. Las técnicas de los compiladores COBOL iniciales eran muy primitivas. El proceso de compilación reportado en mayo de 1962 por parte del departamento Naval de los EE.UU. fue sobre el tiempo de compilación de COBOL. Según los datos, los 5 compiladores disponibles creaban programas que ejecutaban de entre 3 y 11 mandatos (sentencias o expresiones) por minuto.

Estos datos arrojaron luz sobre la deficiencia en la implementación de los compiladores y se comenzó a trabajar en optimizar estos compiladores. Estos trabajos tuvieron lugar por parte de cada fabricante para su máquina concreta y terminaron arrojando una mejora de entre 11 y 100 mandatos por minuto a mediados de 1964. Una gran optimización.

La versión de 1965 llamada COBOL 65 incluyó algunas aclaraciones sobre las especificaciones e introdujo facilidades para manejar ficheros de almacenamiento masivo y tablas.

5.3. COBOL 68

Casi 10 años habían pasado desde las primeras reuniones para formar COBOL y esta versión COBOL 68 tenía una gran responsabilidad, era la primera versión en ser estandarizada a través de [ANSI] produciendo el estándar llamado *X3.23* en agosto de 1968.

Para hacernos una idea de cómo es COBOL aquí tenemos un programa que convierte grados Celsius en Farenheit:

```
IDENTIFICATION DIVISION.
PROGRAM-ID. CONVERT-TEMPERATURES.
DATA DIVISION.
    WORKING-STORAGE SECTION.
        77 CELSIUS PIC 999.
        77 FAHRENHEIT PIC 999.
PROCEDURE DIVISION.
    ACCEPT CELSIUS.
    COMPUTE FAHRENHEIT = (CELSIUS * (9 / 5)) + 32.
    DISPLAY FAHRENHEIT.
STOP RUN.
```

El código presenta varias divisiones. Estas divisiones son espacios específicamente concretados para introducir información del programa, definir información del entorno, los datos a emplear y por último y más importante el código del programa.

Como puedes ver, aunque al principio algunas personas como Hopper se oponían a la entrada de fórmulas matemáticas como tal en el lenguaje, finalmente y para contentar a todos se incluyeron ambos formatos. En el ejemplo anterior hemos visto que hay una fórmula pero antepuesta de la palabra clave COMPUTE, por otro lado podemos escribir también las palabras ADD, SUBTRACT, MULTIPLY o DIVIDE para indicar cualquiera de estas operaciones (Sammet, 1978). El código anterior podría haberse escrito de forma más extensa:

```
PROCEDURE DIVISION.
    ACCEPT CELSIUS.
    MULTIPLY CELSIUS BY 9 GIVING FAHRENHEIT.
    DIVIDE FAHRENHEIT BY 5 GIVING FAHRENHEIT.
    ADD 32 TO FAHRENHEIT.
    DISPLAY FAHRENHEIT.
STOP RUN.
```

Curiosamente, esta segunda sintaxis era la más deseada por aquellos programadores de negocios que entraban en el mundo de la computación con un nivel muy bajo de matemáticas. Esta sintaxis fácil de leer hizo que los programas se popularizasen.

5.4. La rápida adopción de COBOL

Durante sus primeros años Honewell estuvo al acecho para intentar imponer FACT como el lenguaje para ser usado como referencia y las críticas sobre el uso de FLOW-MATIC principalmente fue difícil de digerir por la compañía tal y como indicaba en un comunicado Phillips (responsable del Departamento de Defensa) ante una comunicación recibida por parte del representante de la compañía, R. F. Clippinger (Sammet, 1978):

> La declaración de Honeywell enumera varias formas en las que se sostiene que COBOL sigue siendo inferior a FACT. Es interesante observar que estos son los mismos puntos contenidos en una carta del representante de Honeywell en el Short Range Task Force fechada el 30 de noviembre de 1959. Aunque Honeywell era miembro del grupo que desarrolló las especificaciones iniciales de COBOL y ha sido miembro del Grupo de Fabricantes del Comité de Mantenimiento... Honeywell no presentó propuestas a ninguno de estos grupos para rectificar estas deficiencias. El Comité de Mantenimiento se complacerá en saber que Honeywell ahora tiene la intención de presentar propuestas de este tipo.

De hecho, la instrucción SORT fue una propuesta o un préstamo influenciado por FACT que terminó formando parte de COBOL pero tal y como vimos se incluyó en COBOL 65 o 68 debido a la problemática inicial de cooperación.

Mientras tanto, la comandante Grace Hopper era incluida en la lista de retiro de la Reserva Naval (1967). Dos años antes había dejado el cargo de Directora de Programación Automática en la División UNIVAC de Sperry Rand. Aunque permaneció en UNIVAC como científica senior, todo indicaba que a sus 60 años estaba camino de su jubilación.

En un informe realizado por Hopper en 1966 recomendaba a la Marina la implementación completa de COBOL iniciando con dos páginas discutiendo la teoría general del lenguaje comparando la comunicación entre personas con la comunicación hacia la máquina y diciendo:

> La historia de Babel es la lección de la destrucción de los estándares.

Esta frase hacía referencia a varios hechos que se habían caracterizado en las primeras versiones de COBOL donde implementaciones como la de diferentes versiones del compilador hacían peligrar el proyecto tal y como se había visto en otros como ALGOL.

El uso de las palabras clave en otros idiomas es algo que Hopper sugirió para FLOW-MATIC, aunque no se consideró en países como Alemania, Países Bajos, Suecia o Japón que usaban las palabras clave en inglés pero sí se hizo para Francia.

Según Sammet, la cantidad de cambios, mejoras o sugerencias recibidas de Europa y Japón fue muy numerosa lo que indica por un lado el alto nivel de adopción del lenguaje y por otro todo el trabajo por hacer que se planteaba en los siguientes años.

Como dato curioso, Hopper quiso demostrar que el lenguaje creado era más accesible para personas completamente ajenas al mundo de la programación. Hasta el momento, en los años 1960 y las décadas anteriores, la mayoría de programadores eran hombres de ciencias y algunas mujeres también de ciencias como matemáticas o física.

Hopper tomó a una chica de 19 años, Marilyn Mealey, recién graduada de la sección Mayfair de Philadelphia. Una chica más guapa que la media, delgada y rubia a la que le gustaba nadar, ir de tiendas, bailar y escuchar música. La misión de Hopper era enseñarle a programar. El experimento se publicó en *Popular Electronics*, una revista con un alto grado de audiencia masculina y amantes de los *gadgets* quienes encontraron divertido el pensamiento de una joven recién graduada programando un computador.

En aquél momento la mayoría pensaba que la tarea de comunicarse con un cerebro mecánico de millones de dólares era mejor dejarla a profesionales altamente formados. Solo las mentes matemáticas y científicas más agudas podían escribir código de computador (Beyer, 2012).

El caso mostrado por Hopper supuso una demostración similar a cuando Bill Gates décadas después hizo una presentación de Windows empleando a una niña para mostrar lo fácil de manejar que era su nuevo sistema operativo.

5.5. Continuidad de COBOL

Cada poco tiempo surge alguna noticia que reseña la dependencia que aún existe de COBOL en algunos sistemas implementados hace alrededor de 50 años o más por parte de programadores que ya no están entre nosotros y sin embargo, esos desarrollos aún siguen ahí.

El lenguaje en esta década de 1960 se presentó como la solución para empresas y gobiernos de obtener un lenguaje para los negocios completamente ubicuo. Da igual qué máquina del mercado se adquiriese, la amplia mayoría disponían de un compilador de COBOL compatible con respecto al estándar.

No obstante, en 1978 durante una conferencia sobre la Historia de los Lenguajes de Programación, Jean E. Sammet dijo sobre COBOL:

> Creo que los mayores problemas fueron la necesidad de satisfacer la independencia de la máquina, por un lado, y proporcionar un lenguaje

potente, por el otro. En mi opinión, éste es todavía un problema sin resolver.

Como vimos, COBOL fue estandarizado y a lo largo de los últimos años ha seguido obteniendo revisiones, cambios y mejoras. Su última versión fue publicada en 2023. No hay tantos programadores de COBOL en activo como de otros lenguajes de programación y se espera que en un futuro mucho del código escrito en este lenguaje finalmente sea convertido a otros lenguajes de mayor uso actualmente.

Capítulo 6. Inteligencia Artificial y LISP

> En 1960, John McCarthy publicó un notable artículo en el que hizo por la programación algo parecido a lo que Euclides hizo por la geometría.
>
> — Paul Graham

Si eres programador seguramente hayas tenido algún acercamiento a esta familia de lenguajes. Sí, has leído bien, LISP es considerado una familia de lenguajes donde sus dialectos son en realidad sus implementaciones ya que no existe un único LISP.

LISP ha sido ligado siempre al mundo de la Inteligencia Artificial [IA] y a su creador John McCarthy se le considera el padre de la IA. En verdad para John McCarthy todo comenzó en 1956, con un lenguaje de programación desarrollado por Simon, Newell y Shaw llamado [IPL].

Como en muchos de los capítulos de la Historia de los Lenguajes de Programación, el lenguaje existente no cubría las necesidades o no se adaptaba al contexto. McCarthy quería un lenguaje algebraico de procesamiento de listas para trabajar en IA en un computador IBM 704 y aunque IPL cumplía con la especificación no pudo ser utilizado en el IBM 704 porque fue diseñado e implementado para el computador JOHNNIAC de RAND Corporation. Además, a McCarthy le atraía la idea de escribir en FORTRAN.

¿Por qué McCarthy decidió escribir LISP para el IBM 704? Principalmente porque IBM tenía una amplia presencia en el Centro de

Computación de Nueva Inglaterra en el MIT y estas instalaciones podían ser utilizadas por Dartmouth. Por otra parte, IBM estaba probando algunos teoremas en geometría del plano basados en una idea de Marvin Minsky y McCarthy estaba en ese proyecto como consultor.

En aquél momento IBM parecía un sitio apropiado para desarrollar las ideas de la IA. Aún no estaba claro que FORTRAN fuese un lenguaje donde se pudiese construir un procesamiento de listas cómodamente. Según McCarthy, *representar sentencias mediante estructuras de listas parecía apropiado-- y aún lo es-- y un lenguaje para procesado de listas también parecía apropiado para programar las operaciones involucradas-- y aún lo es* (McCarthy, 1978).

Cada expresión en LISP se expresa como una lista de elementos, es por tanto una expresión y un dato al mismo tiempo. A diferencia de otros lenguajes donde operaciones y datos están diferenciados en LISP esta distinción no existe. Por lo tanto podemos decir que esta característica y diferenciación fue el valor aportado por el lenguaje y según McCarthy lo que le proporcionó su éxito.

McCarthy equiparaba la ventaja de esta característica sobre lenguajes similares como FORMAC (ver la Sección 8.2 del Capítulo 8), COMIT (ver Capítulo 7) o SNOBOL (ver la Sección 7.4 del Capítulo 7) como la diferencia entre computadores binarios sobre decimales e incluso mayor ya que facilitaba la creación de programas de gran tamaño evitando gran parte de la complejidad que estos otros tenían.

Veamos quién fue John McCarthy y sus motivaciones con respecto a la programación y más en concreto a la Inteligencia Artificial.

6.1. John McCarthy y la IA

John McCarthy nació en Boston, Massachusetts en 1927, obtuvo su licenciatura en matemáticas en Caltech (1948) y su doctorado en matemáticas en la Universidad de Princeton (1951). Mientras se encontraba en el MIT, McCarthy propuso un método de recursos de computación distribuida conocido como de tiempo compartido. Este avance fue comentado en la Sección 4.3 del Capítulo 4.

En 1955 McCarthy y otros del Dartmouth College propusieron un taller de verano donde Newell, Simon y Shaw presentaron [IPL] y McCarthy acuñó el término Inteligencia Artificial. A partir de ese momento comenzó a implicarse en proyectos e investigaciones que le acercasen a descubrir y hacer más en este campo.

Figura 13. John McCarthy

Uno de los puntos iniciales y necesarios era disponer de un lenguaje de programación para permitirle progresar en sus investigaciones. De hecho, el propio lenguaje constituía en sí una investigación interesante.

6.2. Construyendo FLPL

No obstante, la parte principal e inicial a resolver era cómo implementar la base de LISP en el IBM 704 teniendo en cuenta que tenía un tamaño de palabra de 36 bits y dos partes llamadas dirección y decremento de 15 bits cada una. El tamaño del puntero de direcciones de la máquina era de 15 bits, así que estaba claro que el tamaño para los punteros debía ser de 15 bits.

El puntero se dividía en 4 partes a su vez para la dirección, la parte de decremento, el prefijo y la parte de la etiqueta. Las últimas dos de un tamaño de 3 bits cada una aunque separadas, esta organización motivó la creación de las primeras funciones:

* cwr *Contents of the Word in Register number* o contenido de la palabra en el número de registro. Como su nombre indica, obtiene el contenido y lo pone a disposición en un registro. No obstante, requerimos otras funciones para obtener los datos dentro de la palabra.

* car *Contents of the Address part of Register number* para obtener la parte de la dirección.

* cdr *Contents of the Decrement part of Register number* para obtener la parte del decremento.

* cpr *Contents of the Prefix part of the Register number* para obtener la parte del prefijo.

* ctr *Contents of the Tag part of the Register number* para obtener la parte de la etiqueta.

Por recomendación de McCarthy, Nathaniel Rochester y Herbert Gelernter decidieron implementar un lenguaje de procesamiento de listas dentro de FORTRAN. Esta parecía ser la forma más fácil de comenzar ya que en ese momento se consideraba la creación de un nuevo lenguaje como una actividad de muchos hombres-años. Así que se creó el lenguaje denominado [FLPL] *FORTRAN List Processing Language* o Lenguaje de Procesamiento de Listas FORTRAN.

Aunque FLPL fue satisfactorio para el proyecto del programa de geometría este no tenía ni expresiones ni recursividad y la eliminación de estructuras de listas debía de ser manejada explícitamente por el programa.

Figura 14. Nathaniel Rochester

McCarthy invirtió su tiempo del verano de 1958 junto a Nathaniel Rochester quien le invitó para implementar diferentes innovaciones más allá de FLPL gracias a las expresiones condicionales, *¿no sabías que la famosa construcción IF fue obra de McCarthy?*

6.3. La primera expresión condicional (IF)

En verdad en FORTRAN ya existían comandos como:

```
GOTO (30, 40, 50) I1
IF (A+B-1.2) 7, 6, 9
```

Estas instrucciones evalúan I1 y A+B-1.2 respectivamente y dependiendo de si el valor es negativo, cero o positivo, el programa salta a la línea indicada en cualquiera de las 3 posiciones. McCarthy encontró bastante confusa esta notación y entre 1957 y 1958, inventó las expresiones condicionales para la implementación de un conjunto de rutinas para los movimientos legales de ajedrez en FORTRAN para el IBM 704 en el MIT.

La implementación era de la siguiente forma:

```
XIF(M, N1, N2)
```

Se evalúa M y según su valor si es un número diferente de cero se evalúa N1 en cambio si es cero se evalúa N2. Esta construcción que ahora parece trivial no estuvo disponible hasta finales de los años 50 cuando McCarthy la implementó y gracias a esta construcción se acortó el código de muchos programas haciéndolos más fáciles de entender.

Esto a su vez originó la construcción de los parámetros true y false tomando los valores de 1 y 0 respectivamente.

6.4. La implementación de LISP

Durante el verano en IBM, McCarthy y Rochester estuvieron trabajando en algunas ideas como la recursividad, las primeras funciones en ejecución sobre listas *maplist* (conocida más tarde como *mapcar*) y la forma de realizar la notación tomada de la notación lambda de Alonzo Church (1941) para definir funciones como argumentos.

McCarthy reconoció que fue incapaz de comprender el resto del libro de Church por lo que no estuvo tentado a probar su notación como un mecanismo general de definir funciones. Church empleaba funciones de alto nivel en lugar de expresiones condicionales pero las expresiones condicionales son mucho más legibles para ser implementadas en computadores.

En otoño del mismo año McCarthy fue nombrado Profesor Asistente de Ciencias de la Comunicación en el MIT y junto a Marvin Minsky, entonces Profesor Asistente del Departamento de Matemáticas, comenzaron el Proyecto de Inteligencia Artificial. El proyecto fue soportado por el Laboratorio de Investigación de Electrónica del MIT. El director en aquél momento, el Profesor Jerome Wiesner tenía libertad total en proyectos que considerase interesantes y solo les preguntó a McCarthy y Minsky qué necesitaban a lo que respondieron: una habitación, dos programadores, una secretaria y una máquina perforadora de tarjetas y él les solicitó tomar bajo su supervisión a seis estudiantes graduados en matemáticas.

La implementación de LISP comenzó en otoño de 1958. La idea original era producir un compilador pero esto tomaría mucho tiempo necesario en experimentar con el enlazado de las subrutinas, manejo de pila y la eliminación de porciones de memoria. Por lo tanto, comenzaron compilando a mano varias funciones directamente en ensamblador y escribiendo subrutinas para proporcionar un entorno para LISP.

El entorno incluía programas para leer e imprimir la estructura de lista. Es factible, aunque McCarthy no lo recuerda exactamente, que en ese momento se fijase la notación basada en paréntesis que caracteriza al lenguaje.

Los programas fueron escritos en una notación llamada *expresiones-M* con la misión de ser parecidas a FORTRAN tanto como fuese posible. Esta notación empleaba corchetes ([]) en lugar de los paréntesis para encerrar a los elementos del lenguaje. La *notación-M* también empleó corchetes en lugar de paréntesis reservando estos para la definición de las constantes de estructura de lista. Esta notación debía de poder compilarse pero no fue nunca definida completamente.

Los programas READ y PRINT indujeron un estándar de facto empleado para la información simbólica, por ejemplo, la representación de la siguiente fórmula:

```
x + 3y + z
```

Se traducía a:

```
(PLUS X (TIMES 3 Y) Z)
```

Cualquier otra notación requería de más programación porque las notaciones matemáticas estándares tratan diferentes operadores en formas sintácticas muy diferentes. Esta notación llegó a ser llamada "Cambridge Polish", porque se parece a la notación prefija de Lukasiewicz y porque Quine también había usado paréntesis para la notación prefija.

6.5. El recolector de basura

El problema de liberar las porciones de memoria que ya no se emplean también fue considerado, no era deseable y según McCarthy era anti-estético realizar la liberación de la memoria ocupada de forma explícita tal y como hacía IPL.

Había dos alternativas:

- La primera era eliminar los espacios reservados más antiguos de un programa cuando una variable cambia su valor. Podría sucederse que algunas listas se mezclaran por lo que cada elemento requeriría un contador de referencias. Esta no parecía una solución factible porque requería cambiar la forma de organizar los registros. Aunque en 1960 Collins emplearía en un computador CDC de 48 bits un esquema de lista usando contadores de referencias.

- La segunda alternativa era la *recolección de basura* en la que se abandona el almacenamiento hasta que se agota la lista de almacenamiento libre, se marca el almacenamiento accesible desde las variables del programa y la pila, y el almacenamiento no marcado se convierte en una nueva lista de almacenamiento libre.

Una vez fue tomada la decisión de optar por la recolección de basura, su implementación real podría posponerse, porque solo se estaban haciendo ejemplos con los que jugar.

6.6. Presentando LISP

Una vez tomadas todas las decisiones y tras haber realizado algunos ejemplos manuales para comprobar que todo funcionaba, McCarthy decidió escribir un documento describiendo LISP tanto como un lenguaje de programación como una teoría formal para hacer funciones recursivas. El documento *Recursive functions of symbolic expressions and their computation by machine, part I* (McCarthy, 1960) recoge todas estas pruebas y la definición formal del lenguaje.

Aunque el documento tiene el sufijo *parte I*, no existe o no llegó a publicarse nunca una segunda parte, pero prometía contener aplicaciones para computar expresiones algebraicas. El documento no influenció a teóricos de la programación funcional porque no resolvía las preguntas que les interesaban.

Una consideración matemática que influenció LISP fue la expresión de programas que obedecieran las leyes matemáticas. De modo que si un trozo del programa era sustituido por su resultado, el resultado del programa debía seguir siendo el mismo.

No obstante y por desgracia, los efectos colaterales constituían a veces un gran inconveniente del que LISP no pudo librarse. Existen funciones con efectos colaterales en LISP. Sin embargo, tal y como decíamos, LISP no es solo un lenguaje sino una familia de lenguajes y aunque LISP en sus inicios tenía esta característica poco o nada deseable por parte de los programadores funcionales puros, no tardaría mucho en surgir *pure LISP* (1976) para mostrar como escribir código LISP libre de efectos colaterales.

Otra forma de mostrar que LISP era mejor que las máquinas de Turing fue escribir una función universal de LISP y mostrar que es más corta y más comprensible que la descripción universal de la máquina de Turing. Esta fue la función *eval* que computa el valor de expresiones LISP.

6.7. ¿Implementar *eval* era imposible?

Cuando se implementaba el compilador de LISP McCarthy incluyó en la definición del compilador la función *eval* pero como anotación a lo que recuerda el propio McCarthy que le comentó Steve R. Russell:

> Russell dijo, ¿por qué no programo este eval?... y yo dije, ho, ho, estás confundiendo teoría con práctica, este eval está pensado para ser leído no para ser computado.

Hay que tener presente que la máquina en la que trabajaban necesitaba insertar el código en tarjetas perforadas. Cualquier cambio requería tomar una nueva tarjeta y realizar los cambios oportunos. El computador tenía una unidad de cinta donde almacenaba los datos pero no el código. Sin embargo, ¿y si el código era también parte de los datos?

La implementación de un intérprete de LISP por parte de Russell hizo que el código fuese parte de los datos y aceleró de forma notable la forma de programar con LISP.

6.8. Las limitaciones de LISP

Uno de los aspectos que más llama la atención es que el propio McCarthy asumió que la forma de escribir código en LISP es bastante extraña porque asumían poder emplear *expresiones-M* en un futuro y compilarlas para traducirlas a *expresiones-S*. Sucedió que ese futuro indefinido fue retrasado y comenzó a surgir una generación de programadores que preferían las notaciones internas a cualquier otra notación del estilo de ALGOL o FORTRAN.

La primera versión de LISP tenía algunas limitaciones. Realizando cómputos matemáticos era muy lento, no podía representar objetos por bloques de registros, ni recolectar la basura de los bloques, además de carecer de un buen sistema de entrada/salida.

Estas carencias estaban planificadas para ser resueltas en LISP 2 donde se pretendía proporcionar un lenguaje basado en *expresiones-M* y con sintaxis similar a ALGOL o FORTRAN pero antes debían trabajar en LISP 1.5 para el MIT y resolver las deficiencias más llamativas. El manual titulado *LISP 1.5 Programmer's Manual* (McCarthy, 1962) da muestra de los avances en el lenguaje.

6.9. La versión que nunca llegó

LISP 2 fue una versión idealizada por sus creadores y realmente el objetivo perseguido desde que comenzaran a trabajar en el proyecto. Existe un documento llamado *The LISP 2 Programming Language and System* (Abrahams etal., 1966) que indica el lenguaje *SL* de alto nivel empleado del que se traduce a la representación interna, la idea es poder escribir código como el siguiente:

```
REAL FUNCTION SUMSQUARE(X(I))
   BEGIN INTEGER J; REAL Y;
     FOR J <- 1 STEP 1 UNTIL > I DO
       Y <- Y + X(J)^2;
   RETURN Y
END
```

En este código X representa un vector e I el tamaño de ese vector. Este código se traduciría a:

```
(FUNCTION (SUMSQUARE REAL) ((X INDEF I))
   (BLOCK ((J INTEGER) (Y REAL))
     (FOR J (STEP 1 1 GR 1)
```

```
(SET Y(PLUS Y (EXPT (X J)2))))
(RETURN Y)))
```

Obviamente, para poder obtener las mismas características que tan solo empleando la sintaxis inferior, el programador debería ser consciente de la traducción y el sistema debe implementar una serie de elementos que haga posible la traducción o interpretación del código.

Debido a la complejidad y como decía McCarthy a que los nuevos programadores preferían emplear directamente la segunda sintaxis este proyecto quedó abandonado y la versión de LISP 1.5 fue la que más se propagó.

6.10. La gran familia LISP

Guy L. Steele y Richard P. Gabriel escribieron un artículo titulado *The Evolution of LISP* (Steele & Gabriel, 1996) donde una gran parte de su documento referencia la historia de cada una de las implementaciones de LISP.

Como puedes anticipar la versión de LISP 2 no fue publicada y sin embargo, la mayoría de las implementaciones se basan en el manual publicado por McCarthy de LISP 1.5 y tal y como dicen los autores del artículo:

> Los proyectos y dialectos emergieron, se separaron, se unieron y murieron de formas muy complicadas; las carreras de personas individuales se tejen a través de estas conexiones de maneras que a veces son paralelas pero más a menudo ortogonales.

Por lo que podemos anticipar que la gran familia se mantuvo comunicada y los proyectos de cada uno de ellos se vieron nutridos y fortalecidos gracias a acciones e ideas de los proyectos *hermanados*. Incluso podemos decir que el fracaso de algunos de ellos también fue un aprendizaje en algunos casos.

Es curioso ver cómo en el caso de ALGOL esta diseminación hundió al lenguaje por estar regido por un comité y sin embargo en el caso de LISP al no contar con una entidad superior que rigiese cómo debía ser el lenguaje, LISP consiguió evolucionar hasta nuestros días.

Los proyectos que surgieron en la década de 1960 y que proporcionaron dos de las versiones de LISP más longevas fueron el proyecto de [BBN] que produjo BBN LISP e InterLisp y el Proyecto MAC que produjo Maclisp.

6.11. La omnipresencia de LISP

Para concluir con este capítulo me gustaría reseñar que aunque parezca que LISP es un lenguaje que cayó en desuso, no es cierto, aún hay lenguajes como Scheme o Clojure que son claros ejemplos del uso de LISP e incluso el editor Emacs emplea para sus extensiones Emacs Lisp.

Pero además de los lenguajes donde se ve claramente su presencia, hay otros lenguajes y plataformas que se han aprovechado ampliamente de sus ideas. Siempre es positivo aprender lenguajes tan diferentes como LISP porque sus ideas pueden ser aprovechadas y nutrir de forma muy positiva otros lenguajes muy diferentes.

Capítulo 7. COMIT y SNOBOL

> La función de un buen software es hacer que lo complejo aparente ser simple.
>
> — Grady Booch

COMIT fue otro lenguaje nacido en el seno del MIT. Su desarrollo comenzó en 1954 en un IBM 704 y una descripción breve y general apareció en diciembre de 1957 (Yngve, 1957). El lenguaje fue desarrollado en el Grupo de Traducción Mecánica del Laboratorio de Investigación del Centro de Computación e Ingeniería.

El director del proyecto y autor del documento descriptivo fue el Doctor Victor Yngve. El sistema fue diseñado para proporcionar al lingüista profesional un sistema de programación en el que escribir fácilmente los programas que necesitara para su investigación.

El sistema fue distribuido a en septiembre de 1961, inicialmente para IBM 704 y posteriormente IBM 7040/44.

7.1. El lenguaje COMIT

Jean Sammet escribió (Sammet, 1969) que el lenguaje COMIT es muy diferente a muchos otros y para hacerse una mejor idea de cómo es, es mejor echar un vistazo primero al código. Así que haciendo caso de Sammet vamos a ver el siguiente trozo de código:

```
FIND BOY + $ + , + $ = 2 + 3 + GIRL // *WSMI 2,
NEXT
```

En este código FIND es una etiqueta que se asigna a la instrucción que examina la cadena para ver si consiste de la palabra BOY seguida de cualquier número de palabras, después una coma seguida de cualquier número de palabras y si es así, la palabra BOY es eliminada, el texto anterior a la coma se mantiene junto con la coma y se añade al final de la cadena la palabra GIRL desechando el resto de la cadena. Tras esto se pasa el control a la línea etiquetada como NEXT.

Tal y como dice Sammet, a primera vista es altamente formal y difícil de leer y escribir. No obstante, en la práctica resulta maravillosamente simple y compacto.

Las claves del diseño del lenguaje fueron la naturalidad, la facilidad de aprender y la facilidad de uso.

Aunque el lenguaje apuntaba a ser empleado principalmente por lingüistas no tardó en comenzar a ser empleado fuera de su área. El lenguaje se mostró orientado al procedimiento, orientado al problema y como un lenguaje para resolución de problemas a través de un sistema no-procedural.

Además, el enfoque inicial del lenguaje fue para su ejecución por lotes, pero como vimos en la introducción, el avance y uso de sistemas operativos de tiempo compartido hizo que COMIT II fuese puesto en [CTSS] dejando de ser un lenguaje de una sola línea para convertirse en otro sistema implementado bajo CTSS.

Yngve definió el lenguaje como orientado al usuario (Yngve, 1962), es decir, es un lenguaje de alto nivel que es fácil de aprender y usar. Según Yngve, el uso de COMIT debería minimizar el tiempo para programar la resolución de un problema, el tiempo de computador necesario comprobarlo y el tiempo estimado requerido para obtener un programa en ejecución.

Aunque el propio Yngve dice de su lenguaje que es de propósito general, en verdad veremos más adelante que adolece de algunas carencias necesarias para poder ser puesto en esa categoría.

7.2. Patrones y concordancia

COMIT fue el primer lenguaje en implementar la búsqueda de patrones para concordar la entrada con un patrón y construir una salida en base a la entrada, en caso de que el patrón concordase.

Por ejemplo, si tenemos los datos de entrada como una cadena de texto conteniendo dos palabras:

```
THE DOG
```

Un código en COMIT de este estilo:

```
* $1 + $1 = // * E1 2 *
```

Nos origina la salida partida de cada letra como palabras independientes:

```
T H E D O G
```

Otro ejemplo con datos indicando nombre y valor sería la siguiente entrada:

```
GEORGE/.26, SEX MALE, OCCUPATION CLERK
```

Este dato indica el nombre GEORGE con un subíndice 26. Podemos escribir ahora:

```
GEORGE = 1/OCCUPATION PROGRAMMER
```

Toma la cadena GEORGE y cambia el valor de OCCUPATION para que en lugar de CLERK sea PROGRAMMER.

Tengo que admitir que este lenguaje es el que más me ha costado analizar. Su sintaxis aunque no excesivamente compleja sí tiene muchos elementos que hacen recordar a las expresiones regulares y sin embargo, aún poniendo énfasis su autor, Yngve, e incluso Sammet en la facilidad del lenguaje una vez tomadas las bases, parece que no conseguí llegar hasta ese punto en el tiempo que le dediqué.

Insto al lector que lo desee a revisar los documentos (Yngve, 1962) y (Sammet, 1969) para obtener más información e intentar su compresión y práctica.

7.3. Ascensión y caída de COMIT

COMIT fue el primer lenguaje que permitía buscar en una cadena de texto un patrón y transformar dicha cadena de texto para generar otra diferente. Muchas de las facilidades de que disponía COMIT no estaban disponibles en ningún otro lenguaje de programación aunque más tarde se incluyesen.

COMIT fue el pionero en el tratamiento de cadenas de texto e influenció a otros como LISP en su función CONVERT o incluso a ALGOL. Finalmente, muchas de estas ideas y correcciones a algunos de sus problemas fueron llevados a SNOBOL aunque SNOBOL omitió algunas características (por ejemplo los subíndices) que llevaron a ineficiencias en cierta clase de problemas a resolver.

COMIT fue desarrollado principalmente dentro de su grupo inicial y aunque influenció a muchos otros lenguajes y SNOBOL puede considerarse un sucesor de este lenguaje, no hubo muchos lenguajes que surgiesen únicamente con las ideas de COMIT.

Por supuesto, su gran éxito fue porque al igual que muchos otros de la época fue desarrollado inicialmente en un IBM 704 el cual debía programarse con tarjetas perforadas. Cuantas menos perforaciones hubiese que hacer, mucho mejor. Incluso Sammet escribió que gracias a COMIT se pudieron abarcar y resolver algunos problemas que no se habría podido resolver de la misma forma con otros lenguajes.

7.4. De COMIT a SNOBOL

Después de algunos años de experiencia con COMIT, algunas de sus deficiencias llegaban a ser extremadamente claras. Las más notables eran la imposibilidad de nombrar cadenas de texto y poder realizar aritmética. Motivados por el deseo de cambiar este panorama, los Laboratorios Bell tomaron cartas en el asunto en 1962.

Figura 15. David Farber

El desarrollo correría a cargo de David J. Farber, Ralph Griswold e Ivan P. Polonsky.

David J. Farber, licenciado en ingeniería electrónica en 1956 y con un máster en matemáticas en 1961 inició su carrera en los Laboratorios Bell donde ayudó en el diseño del primer sistema de conmutación electrónica.

Ralph Griswold asistió a la Universidad de Stanford y recibió su licenciatura en física y posteriormente un máster y su doctorado en ingeniería electrónica. Se unió a los Laboratorios Bell en 1962 donde estudió las ideas de la computación no numérica.

 Desgraciadamente no se guarda información sobre Ivan P. Polonsky, solo podemos especular que trabajó durante la década de 1960 en los Laboratorios Bell junto a Farber y Griswold.

Figura 16. Ralph Griswold

Además, contaron con la ayuda y soporte de McIlroy a quien ya conocimos en el Capítulo 2. La primera publicación del lenguaje tuvo lugar en 1964 obteniendo gran popularidad no solo dentro de los laboratorios Bell sino también en universidades. Las versiones del lenguaje fueron sucediéndose cada año siendo la primera publicada en 1964, SNOBOL 2 fue una versión que duró poco tiempo y no llegó a ser publicada, en su lugar SNOBOL 3 fue lanzada en 1966 y poco tiempo después SNOBOL 4 en 1967.

Aunque las primeras versiones fueron desarrolladas empleando SNOBOL 3, la última versión fue escrita empleando una máquina virtual, es decir, en lugar de escribir el código y compilarlo para una arquitectura concreta, el código escrito en SNOBOL 4 se compila a una representación intermedia llamada [SIL] *SNOBOL Implementation Language* o Lenguaje de Implementación de SNOBOL y este código mucho más simple se traduce al ensamblador o directamente al código máquina.

Este cambio en SNOBOL 4 hizo que fuese más portable y pudiese emplearse en las máquinas IBM 700/7090 para las que fue creado y otras arquitecturas.

7.5. El lenguaje SNOBOL

La sintaxis de SNOBOL es similar a la de COMIT. La sintaxis de cada línea podría resumirse así:

```
etiqueta cadena-referencia  patrón = expresión-
reemplazo /ir-a
```

Es decir, la línea puede comenzar con una etiqueta. Las etiquetas indican dónde saltar desde otras líneas como vemos en la última parte de la sintaxis. Después tenemos la cadena de referencia. La cadena que debe concordar para que se produzca la expresión que vendrá a reemplazar la cadena de texto y finalmente realiza el salto solo si se ejecutó la expresión.

En esta sintaxis vemos *cadena-referencia* en lugar de tan solo cadena de texto de entrada. Aquí vemos una diferencia con respecto a COMIT donde podemos nombrar una cadena de texto.

En caso de no contar con uno u otro valor, debemos dejar un espacio en blanco para indicar que esa columna no contendrá un valor en nuestra sentencia. Por ejemplo, si no disponemos de una etiqueta.

Los comentarios pueden escribirse empleando toda la línea o al final de alguna línea y se identifican con el asterisco (*).

Un programa completo terminará siempre con la tarjeta *END*. Como puedes anticipar solo por nombrar al mandato o sentencia como tarjeta, indicamos que cada sentencia o mandato, cada línea en verdad, va en una tarjeta cuando trabajamos para el IBM 704 o cualquier otra máquina con entrada de código mediante tarjetas perforadas.

Aunque Sammet dice de SNOBOL que es recursivo (Sammet, 1969) porque podemos saltar una y otra vez al mismo punto hasta completar una tarea, no sé si es lícito emplear el término recursivo aquí al carecer de una pila de ejecución lo nombraría más bien como iterativo.

Podemos ver algunas líneas de código más:

```
* Una suma de N + 6
  N + ("3" * "2")

* Es equivalente a:
  N + "6"

* La concatenación puede llevarse a cabo,
* pero predomina la suma, lo siguiente es "N12".
  "N" "5" + "7"

* Lo siguiente sería "65":
  "3" * "2" "10" / "2"
```

Cada vez que vemos un espacio en blanco entre dos cadenas significa que se concatenan. Todo valor entre comillas dobles es considerado una cadena de texto. Pero cuando se realiza una suma, se convierte a número si es posible.

Un código iterativo un poco más completo:

```
        N = "1"
 COMPUTE $("CU" N) = N * (N * N)
        N = .LT(N, "50") N + "1" /S(COMPUTE)
```

Este código crea 50 variables llamadas CU1, CU2 y así hasta CU50 asignándoles los valores de sus cuadrados y mientras el valor de N es menor de 50 sigue saltando a la etiqueta COMPUTE.

7.6. El legado de los lenguajes simbólicos

Aunque LISP es también un lenguaje simbólico, en esta sección nos referimos específicamente a los lenguajes simbólicos basados en cadenas de texto como pueden ser COMIT, SNOBOL e incluso TRAC (ver Capítulo 2).

COMIT influenció y contribuyó al panorama de los lenguajes proporcionando ideas nuevas y SNOBOL llegó para pulir algunas de esas ideas y proporcionar una herramienta más afín a los programadores que a los lingüistas.

Estos lenguajes se pueden considerar la antesala de la técnica de concordancia (*pattern-matching*) y las expresiones regulares. A un nivel más burdo podríamos considerar la búsqueda y reemplazo de algunos editores de texto avanzados como un descendiente de las ideas de COMIT y SNOBOL y en cierta forma, lenguajes posteriores como *awk* o *Perl* le deben bastante a estos.

Lo que sí podemos decir es que estos lenguajes marcaron un punto de partida en la visualización del código para tratar cadenas de texto y no tan solo fórmulas matemáticas como hasta el momento.

Capítulo 8. La evolución de FORTRAN

> En los viejos tiempos, los físicos repetían los experimentos de los demás, sólo para estar seguros. Hoy en día, se apegan a Fortran para poder compartir los programas de los demás, incluidos los errores.
>
> — Edsger Dijkstra

En el libro anterior (Rubio Jiménez, 2021) cerramos el capítulo diciendo que el auge de FORTRAN no llegaría hasta la década de 1960. En este capítulo continuaremos para mostrar dos versiones de FORTRAN que supusieron un cambio, cada una de una forma diferente.

Estas versiones son FORTRAN IV y FORTRAN 66.

Mientras que el principal cambio que surgió en FORTRAN II fue la inclusión de las subrutinas y en FORTRAN III la capacidad para poder escribir código en ensamblador SAP para el IBM 704 principalmente, FORTRAN IV se destacó por un esfuerzo para tener un compilador rápido y aún así seguir obteniendo un código optimizado. Aunque veremos más adelante que no todo fue tan bien como cabría esperar.

Por otro lado, FORTRAN 66 fue el resultado de [ANSI] de generar el primer estándar para un lenguaje de programación.

Este capítulo no es muy extenso porque proviene de un relato anterior donde surge FORTRAN a través de la lucha de su creador, John Backus, llegando a reunir a un equipo y haciendo algo que hacían muchos pero de una forma diferente y demostrando que los compiladores eran herramientas útiles. En esta década hay hitos notables en FORTRAN como parte de su evolución, pero no dejan de ser hitos específicos como anécdotas sin mucho contenido que contar.

Quizás la parte más interesante pueda ser la desvinculación de John Backus del proyecto en esta década. Irving Ziller encabezó el desarrollo de FORTRAN III justo antes de la entrada en esta década y posteriormente ningún nombre resuena más allá de IBM o ANSI con respecto al trabajo realizado, por eso las historias pueden sonar un poco insustanciales al no dar visibilidad al factor humano que trabaja tras las ideas.

8.1. FORTRAN IV

Una de las propuestas de John Backus para FORTRAN IV, fue separar el compilador para desarrollo del compilador para producir programas para ser ejecutados en las máquinas. Es decir, durante el período de desarrollo se emplea un compilador rápido realizando la labor de compilar y no tan rápido en ejecución al carecer de las optimizaciones.

Este enfoque tenía como objetivo permitir a los programadores una mayor velocidad entre compilación y compilación. Además, al carecer de las optimizaciones en ejecución la labor de depuración de fallos se hace más fácil.

Por otro lado, el compilador de ejecución estaba pensado para ser más lento compilando pero generando un código óptimo.

La propuesta tenía su sentido, pero Backus no fue escuchado y FORTRAN IV fue publicado y lanzado como un único compilador que intentaba, con mínimo éxito, realizar tanto la compilación rápida como optimizada. Curiosamente, esta versión fue la más popularizada y por la que FORTRAN obtuvo toda la crítica como la frase que abre este capítulo de Dijkstra y otras como la siguiente:

> Fortran es una colección de errores, unidos por fragmentos de sintaxis.

Sin embargo, hubo muchos entusiastas de FORTRAN que como Tony Hoare proclamaban:

> No sé qué cómo será el lenguaje del año 2000, pero sé que se llamará FORTRAN.

Uno de los mayores cambios en FORTRAN IV fue una incompatibilidad con sus versiones previas al eliminar funciones de bajo nivel y dependientes de la máquina (como READ INPUT TAPE) y permitir el retorno de números enteros de funciones que comenzaran por una letra de la I a la N en lugar de solo la X. Por lo tanto, la función desarrollada por McCarthy podía ahora escribirse:

```
C   Versión FORTRAN I, II y III
    IF (X-Y) 10, 20, 30
10  CONTINUE

C   Versión FORTRAN IV
    IF (X .NE. Y)  GO TO 20
```

Además, gracias a esta construcción se vio la necesidad de crear el tipo de dato LOGICAL y los valores válidos y posibles para este tipo de dato .TRUE. y .FALSE..

Esta versión de FORTRAN fue muy difundida durante toda la década de 1960 en diferentes plataformas, no solo computadores de IBM, sino también computadores de [DEC], los UNIVAC, e incluso los Control Data de serie 6000 y 7000.

También se expandió al terreno académico. La Universidad de Waterloo creó su propia versión simplificada de FORTRAN llamada WATFOR y WATFIV. Estas versiones eran más simples de compilar y por lo tanto más atractivas para ser utilizadas por profesores y alumnos.

8.2. FORMAC

No llamaría a [FORMAC] expresamente un lenguaje de programación porque en realidad se trató de un preprocesador para FORTRAN IV y en verdad se ejecutaba como un programa por parte del usuario antes de la compilación del programa pero en muchas fuentes sitúan a este como lenguaje de programación por lo que comentaremos su historia donde considero le corresponde, junto a FORTRAN IV.

El desarrollo tuvo lugar en 1962 por parte de Jean Sammet. La necesidad a cubrir fue proporcionar una capacidad algebraica formal a un lenguaje matemático numérico ya existente y dado que Sammet durante este periodo se encontraba trabajando en IBM el lenguaje de obvia elección fue FORTRAN.

Figura 17. Jean E. Sammet

Sammet completó la especificación de este lenguaje en diciembre de 1962 y la implementación se llevó a cabo en un IBM 7090. En abril de 1964 se completó la primera versión corriendo de forma exitosa con una batería extensa de pruebas. El programa fue distribuido a usuarios interesados a partir de noviembre de 1964. El programa fue extensamente usado por usuarios del IBM 7090 pero aún así no abandonó su estatus de experimental.

Para tener una idea de el funcionamiento de FORMAC, podemos ver el siguiente código en FORTRAN para la función:

$$y = x^2 + 3xz$$

El código en FORTRAN sería:

```
X = 3
Z = 5
Y = X**2 + 3*X*Z
```

El código de FORMAC agregaba algunas palabras clave para identificar sus expresiones, en este caso:

```
LET X = A + B
    Z = 5
LET Y = X**2 + 3*X*Z
```

La instrucción LET pertenece a FORMAC y por tanto será traducida antes de ser compilada sustituyendo los valores, de modo que se compilaría a FORTRAN como:

```
Z = 5
Y = (A + B)**2 + 15*(A + B)
```

Como se puede ver, simplifica las expresiones al ver que la sustitución de Z y la multiplicación por 3 es posible y por tanto escribe directamente 15*X y X a su vez es sustituida por la suma de A + B.

Estas operaciones optimizan el código para el compilador y posterior ejecución sin suponer un incremento de la dificultad al volver a leer el código de la expresión. Como vemos, la expresión se sigue manteniendo muy similar a su representación matemática.

8.3. FORTRAN 66

A principios de la década, más o menos cuando FORTRAN IV fue lanzado, la *American Standards Association* (que posteriormente sería conocida como [ANSI]) se interesó en el lenguaje FORTRAN y creó un grupo de trabajo para crear una versión estándar de FORTRAN. Este movimiento fue debido al interés suscitado por [BEMA] *Business Equipment Manufacturers Association* o Asociación de Fabricantes de Equipos de Negocio.

El trabajo resultó en dos estándares aprobado en marzo de 1966 definido en dos lenguajes, el primero conocido como FORTRAN basado en FORTRAN IV y el segundo conocido como Basic FORTRAN y basado en FORTRAN II pero eliminando las características dependientes de la máquina.

El lenguaje constituyó el estándar X3.9-1966 pero llegó a ser conocido como FORTRAN 66 aunque muchos continuaron llamándolo FORTRAN IV.

FORTRAN 66 fue el primer lenguaje estandarizado y esto le propició un alcance aún mayor en la industria.

8.4. El futuro de FORTRAN

Al igual que el caso de COBOL (ver Capítulo 5), FORTRAN es un lenguaje de programación que no ha dejado de evolucionar y crecer. Existen compiladores de este lenguaje para la mayoría de plataformas, es un lenguaje aún en uso y cuyo estándar sigue vigente y actualizándose de forma periódica.

De hecho, la última versión hasta la fecha de FORTRAN fue publicada en 2023 y reapareció en el índice de TiOBE en las primeras 20 posiciones en 2021 y en mayo de 2024 nos sorprendió entrando en la décima posición. No sabemos si seguirá subiendo o si bajará en los próximos meses pero sí sabemos que es un lenguaje que se seguirá usando durante mucho tiempo.

Capítulo 9. A Programming Language (APL)

> Un lenguaje que no afecta a la forma en la que piensas acerca de la programación no vale la pena conocerlo.
>
> — Alan J. Perlis

Kenneth Iverson era un muchacho canadiense que veía su futuro abocado a la granja familiar. En principio no tenía intención de acabar la secundaria porque durante la Depresión solo veía como salida a sus estudios ser profesor y no quería convertirse en profesor. Más tarde llegaría la Segunda Guerra Mundial y tras ser convencido por sus compañeros del ejército y aprovechar los planes de reinserción de militares por parte del gobierno, Iverson aceptó entrar a estudiar, obteniendo el título de secundaria *summa cum lauden*, una licenciatura en la Universidad Queen y un máster y doctorado ambos en la Universidad de Harvard.

Cabe destacar que su tesis trató sobre soluciones mecánicas de ecuaciones diferenciales y fue supervisada por Wassily Leontief y Howard Aiken, de quien ya hablamos en el libro anterior por constituir un pilar importante en la carrera de Grace Hopper y su estancia durante la Segunda Guerra Mundial en la Universidad de Harvard.

Es irónico que al final, gracias al grado de implicación dentro de Harvard, Iverson aceptara un puesto de profesor asistente en Harvard (1955) para implementar el primer programa de postgrado del mundo en procesamiento automático de datos. Según comentaba Iverson, esta idea surgió durante la hora del café con Aiken, este le dijo (Cohen etal., 1999):

> Estas máquinas van a ser inmensamente importantes para los negocios, y quiero que prepares e impartas un curso sobre procesamiento de datos empresariales.

Iverson se horrorizó al descubrir que la notación matemática convencional no cubría sus necesidades y comenzó a trabajar en extensiones de la notación que eran más adecuadas. Su notación fue puesta a prueba en el mundo de los negocios en 1957 durante seis meses de un año sabático que decidió emplear en trabajar para McKinsey & Company.

Figura 18. Kenneth Iverson

El primer artículo publicado que utilizó la notación fue La descripción de procesos secuenciales finitos, inicialmente el *Informe número 23* para los Laboratorios Bell y luego revisado y presentado en el Cuarto Simposio de Londres sobre Teoría de la Información en agosto de 1960.

Iverson permaneció en Harvard durante cinco años, pero no consiguió la titularidad porque no había publicado *nada más que un pequeño libro.*

Este dato fue dado por Iverson en una entrevista pero dado que el libro fue publicado en 1962 y él dejó la institución en 1960 no cuadra que fuese un comentario dado al momento de su despedida. Quizás fuese un comentario posterior o hiciesen referencia a otro escrito o libro. No obstante, me gusta esa referencia y lo tomaré tal y como lo recordaba Iverson para darle algo más de juego a la narración.

9.1. El pequeño libro

En 1962, Iverson publicó *A Programming Language* (Iverson, 1962) un libro de algo más de 300 páginas. En su introducción puede leerse que fue Aiken quien le motivó en el trabajo y le sirvió de guía al igual que haría más tarde Frederick Brooks Jr. a los que les da las gracias por los pre-requisitos necesarios a obtener para entender los fundamentos del lenguaje y poder trabajar con él y que figuran en el primer capítulo.

Tanto Iverson como Brooks terminarían trabajando en IBM, Iverson más específicamente en el Centro de Investigación de IBM con otros grandes programadores entre los que cabe destacar a Adin D. Falkoff.

El primer capítulo del libro titulado *The Language* abre con una sección de *Introduction* donde especifica la motivación del lenguaje:

> El tratamiento sistemático de algoritmos complejos requiere un *lenguaje de programación* adecuado para su descripción.

Parece la búsqueda constante de Iverson, tanto cuando se trata de matemáticas como cuando habla de programación, busca una sintaxis o una notación que pueda cubrir de forma adecuada la definición del problema y su solución.

En principio, vemos como discute las soluciones existentes como poco adecuadas e incluso el diseño de diagramas de flujo por parte de Goldstine y von Neumann (1947) lo considera de amplio valor para una vista a alto nivel pero con su consecuente pérdida de los detalles y su precisión. También critica el uso del idioma hablando (el inglés) como inadecuado por sufrir del mismo defecto. ¿Qué propone entonces Iverson?

9.2. El lenguaje en IBM

Iverson entró en IBM (1960) tiempo después de que lo hiciera Brooks quien le aconsejó aceptar la oferta de doble salario de IBM porque la dirección del departamento de investigación estaban tan *hambrientos de ideas* que darían fondos a cualquiera que no estuviese claramente loco.

En su nuevo puesto de trabajo Iverson conoció a Adin Falkoff con el que estuvo trabajando los siguientes 20 años. Falkoff estudió en el City College de Nueva York obteniendo una licenciatura en ingeniería (1941) y un master en matemáticas de la Universidad de Yale (1963). Falkoff se unió al departamento de Investigación de IBM en 1955 y estuvo toda su carrera hasta su jubilación trabajando en ese departamento.

La colaboración entre Iverson y Falkoff fue desde 1960 hasta 1980 en el diseño, desarrollo y uso del lenguaje de programación APL.

El lenguaje es definido como un lenguaje para el tratamiento de colecciones (*array*) de datos. La base estaba en la notación desarrollada por Iverson en 1957 y que empleó para especificar de forma más concisa los problemas matemáticos en los que se involucraban principalmente matrices.

En 1962, Falkoff se acercó a William C. Carter para discutir su trabajo de estandarizar el juego de instrucciones de las máquinas que llegó a ser conocido más tarde como la familia de IBM System/360. Aunque no fue hasta 1964 que junto a Iverson y Edward H. Sussenguth Jr. publicasen la notación para una descripción formal de la arquitectura y funcionalidad de las máquinas de la serie IBM System/360 en un artículo de la *IBM Systems Journal*.

IBM adquirió en ese mismo año la empresa Science Research Associates, una empresa educativa y John L. Lawrence, perteneciente al departamento de marketing de IBM, pidieron a Iverson y su grupo ayuda para usar el lenguaje como una herramienta de desarrollo para computadores en la educación.

El lenguaje, en principio implementado por Lawrence M. Breed y Phillip S. Abrams, que se unieron al departamento de Investigación de IBM viniendo de la Universidad de Stanford fue nombrado inicialmente [IVSYS] *IVerson SYStem*. La base de su implementación fue descrita en detalle por Abrams en un informe presentado en la Universidad de Stanford (Abrams, 1966) donde se describe una implementación de un intérprete para la notación de Iverson. La parte académica fue supervisada por Niklaus Wirth.

En el artículo *Un intérprete para la notación de Iverson* (Abrams, 1966) especifica que donde se refiere a la notación de Iverson, en verdad, hace referencia a *APL* según se especifica ese lenguaje en el libro titulado *A Programming Language* (Iverson, 1962).

9.3. ¿Cómo es el lenguaje?

Aunque el lenguaje de programación inicialmente no se programó con símbolos sino con palabras clave en inglés, no se guarda registro de este hecho y todos los manuales y ejemplos de código se refieren actualmente a la sintaxis del lenguaje que quedó tras implementar todos esos símbolos.

Para dar una visión rápida podemos basarnos en esta pregunta de Dijkstra a Iverson donde le preguntaba cómo representar una operación más compleja, por ejemplo, la suma de todos los elementos de una matriz que sean iguales a la suma de su fila correspondiente e índices de columna, a lo que Iverson respondió:

$$+ + / \left(M = \iota^1 \dotplus \iota^1 \right) / / M$$

Según se comentó junto con esta anécdota, lo que Dijkstra solicitó era un problema simple para un programador de APL. No hay que olvidar que la notación de APL es en sí la notación matemática, por lo que si sabes cómo expresar el problema de forma matemática, sabes cómo expresar el problema en APL.

También como anécdota se dice que para programar en APL hace falta un teclado especial y de hecho, se optó por cambiar el juego de caracteres de las terminales IBM 1050 e IBM 2741 colocando sobre las teclas los símbolos que se imprimirían cuando se emplease APL. Esto hizo que realmente no se requiriese un hardware específico sino tan solo el cambio de configuración para el teclado en uso (ver Figura 19).

Figura 19. Teclado para APL

Estos teclados permitieron escribir código de forma más rápida en APL. Si quieres puedes practicar el lenguaje usando esta página web TryAPL [https://tryapl.org/].

9.4. Controversia

En 1975 Abrams publicó otro artículo (Abrams, 1975) titulado *What's wrong with APL?* (¿Qué va mal en APL?) donde comienza de esta forma:

> Intuitivamente esperamos que en un "buen" lenguaje de programación, la complejidad de el programa debe ser relativamente cercana a la dificultad del problema que resuelve. Mientras que esto es generalmente el caso en APL, uno a veces encuentra problemas relativamente simples cuya solución en APL es usualmente extraña o complicada. En la mayoría de estos casos, el origen de la dificultad está en la incapacidad de expresar algunos conceptos o estructuras fundamentales de forma

En un artículo posterior, Iverson hace un repaso de su carrera desde su comienzo en Harvard a las órdenes de Aiken y la elaboración junto con Brooks del programa de postgrado para el procesamiento de datos automático en el que la visión de APL pudo haber sido su ensayo sobre su forma de ver la notación propia del procesamiento de datos (Iverson, 2000).

La formación de Iverson en matemáticas hizo que su lenguaje o su notación para la programación derivase directamente del lenguaje matemático. Tras retirarse de los empleos remunerados, Iverson siguió trabajando en APL tal y como indica en su artículo y siguió pensando en su evolución.

> APL es un error llevado a la perfección. Es el lenguaje del futuro para las técnicas de programación del pasado: crea una nueva generación de vagabundos de la programación.
>
> — Edsger Dijkstra

Esta frase última viene a resumir el sentimiento de Iverson, es quizás más abrupta pero apunta a la misma deficiencia inicial en el lenguaje. APL fue un lenguaje muy criticado durante sus primeras décadas.

Sin embargo, me gustaría romper una lanza en pro de APL por algo que he leído recientemente sobre cómo aprender el lenguaje APL vale la pena (Serrão, 2022) y está ligado con la frase de Alan Perlis con la que abrimos el capítulo:

Considerándolo todo, de eso se trató esta charla: cuando miras las cosas desde diferentes ángulos y perspectivas, aprendes mucho sobre lo que estás mirando. Aprender APL proporciona esa perspectiva única de la programación que es radicalmente diferente de los lenguajes convencionales como Python o JavaScript. Por supuesto, APL no es el único lenguaje capaz de proporcionar enfoques únicos sobre temas como los que discutimos, pero APL es el lenguaje que estoy aprendiendo, lo que significa que es del que puedo hablar.

Capítulo 10. Simula y el origen de los objetos

> Lamento haber acuñado hace mucho tiempo el término "objetos" para este tema porque hace que muchas personas se centren en la menor de las ideas.
>
> — Alan Kay

Simula es considerado uno de esos lenguajes de programación que más ha influido a los lenguajes que actualmente empleamos, tanto Bjarne Stroustrup (creador de C++) como James Gosling (creador de Java) han indicado en varias ocasiones al lenguaje Simula como una de sus referencias e influencias.

Simula es junto con ALGOL uno de esos lenguajes que han influenciado mucho a otros lenguajes y sin embargo no muchos saben que existió o que fue uno de esos lenguajes referentes en la década de 1960 y 1970. De hecho, Simula tiene a su vez como referente o influencia a ALGOL 60.

 Muchos estudiantes de la Universidad de Oslo sí que saben de su existencia porque en esta Universidad están orgullosos de sus raíces y haber sido el *hogar* de Simula o donde se gestó entre 1962 y 1967.

Pero comencemos desde el principio. Vayamos a 1960 al Centro de Computación de Noruega. Me basaré principalmente en el documento de *Compilando SIMULA: Un Estudio Histórico de Génesis Tecnológico* (Holmevik, 1994).

10.1. El Centro de Computación

En la década de 1950 se decidió crear el Centro de Computación Noruego por parte del Comité Asesor de Maquinaria de Computación bajo el Consejo Real Noruego. Esta iniciativa fue motivada por el deseo de constituir una agencia central que pudiese coordinar y facilitar la distribución del poder de la computación entre la industria y academia noruegas.

Los principios del Centro de Computación fueron difíciles. No había computadoras aún en Noruega. Hubo un primer computador creado por Jan Garwick, quien se haría inicialmente cargo del Centro de Computación y quien aprovecharía una versión neerlandesa del EDSAC, el diseño publicado por von Neumann y Goldstine, para crear el primer computador noruego conocido como UNIDECA en 1952.

En esta misma fecha, aunque Garwick estuvo muy activo tuvo que delegar sus trabajos de investigación a su asistente Kristen Nygaard. Nygaard llegó en 1948 al [NDRE] (*Norwegian Defense Research Establishment* o Establecimiento Noruego de Investigación de Defensa) para hacer su servicio militar como asistente de Garwick y su ayuda para planificar el futuro gradualmente se convirtió en la base de SIMULA.

Al igual que von Neumann necesitó de la computación para hacer sus cálculos para el proyecto Manhattan, Gunnar Randers que estaba trabajando para el Instituto de Investigación de Energía Nuclear dirigió un equipo para realizar sus cálculos y entre 1949 y 1950. Garwick y Nygaard estuvieron trabajando juntos en este proyecto ayudando a Randers.

Después de muchos problemas al tratar con enfoques numéricos tradicionales Garwick sugirió intentar la técnica de simulación de Monte Carlo. El empleo de este método de la teoría de juegos pronto comenzó a dar sus resultados y su tarea fue finalmente completada.

Fue en 1952 Nygaard dejó el centro de computación y se dedicó a tiempo completo como investigador analista de operaciones. Comenzó a emplear el método Monte Carlo en muchas de sus investigaciones durante la década de 1950.

Durante esa década de 1950 y teniendo en cuenta que UNIDECA era la única máquina en Noruega y necesitaban más máquinas para dar servicio de computación a los diferentes centros de investigación, firmaron un acuerdo con la empresa inglesa Ferranti (1954) para adquirir computadores Ferranti Mercury y Garwick junto a un joven matemático Ole-Johan Dahl se pusieron manos a la obra en el diseño y escritura de programas para la máquina viajando en varias ocasiones a Inglaterra para presentar sus ideas para cambios en el sistema del Mercury.

Figura 20. Ole-Johan Dahl

Hacia finales de la década de 1950, Nygaard llegó a ser el más destacado investigador especialista en Noruega y Dahl se había convertido en uno de los expertos líderes noruegos en programación y con la llegada de la programación de alto nivel pronto sus caminos se cruzarían comenzando una línea de investigación en lenguajes de programación.

10.2. Las bases de SIMULA

En cooperación con Garwick, Dahl comenzó a desarrollar planes para lenguajes de programación de alto nivel y revisar los primeros informes de ALGOL construyendo un primer compilador llamado MAC (*Mercury Automatic Coding* o Codificador Automático Mercurio). Nygaard por su parte se involucró en conceptualizar sistemas complejos del mundo real.

Uno de los mayores problemas que Nygaard encontró fue como describir la heterogeneidad de un sistema y su operación. Durante la década de 1950 Nygaard había utilizado una notación simbólica, diagramas de flujo acompañados de unas reglas que regían las operaciones del sistema.

La simulación de Monte Carlo había probado ser una herramienta útil para analizar estos modelos y cuando el Ferranti Mercury fue instalado en el NDRE en 1957 Nygaard y su equipo inmediatamente comenzaron a escribir programas de simulación.

Animado por las prometedoras perspectivas de la simulación asistida por computadora, Nygaard pronto comenzó a pensar en cómo podría formalizar los procedimientos para la descripción de sistemas de una manera que permitiera que una computadora procesara fácilmente los conceptos estandarizados. En 1961, un fragmentado y vago conjunto de ideas, también referido como compilador Monte Carlo, comenzó a tomar forma y fue modelado como la base de lo que veremos más adelante como SIMULA.

SIMULA pretendía ser desde el principio tanto un lenguaje de programación como un sistema de descripción. Su construcción requería tanto de razonamiento en sistemas como de destrezas de programación. Aunque Nygaard tenía experiencia en programación no tenía la suficiente destreza para acometer la tarea y por tanto fue en principio obligado a contratar a alguien de fuera y ¿quién mejor que alguien también cercano a Garwick como era Dahl?

Durante la primavera de 1962 se juntaron para iniciar una serie de conversaciones las cuales finalizaron en mayo de 1962 con una propuesta formal para el primer lenguaje de programación.

No obstante, les asaltaba una duda porque si querían que su lenguaje fuese algo más que un lenguaje en papel o para documentos tendrían que unir fuerzas con alguno de los lenguajes dominantes y en la década de 1960 en Europa el lenguaje ALGOL era sin duda el lenguaje predominante con unos conceptos elegantes y potentes.

Estaba decidido, ALGOL 60 sería empleado como la base de SIMULA.

10.3. Los problemas con ALGOL

El primer enfoque de SIMULA se basó en la idea de un concepto de red formulado matemáticamente asociado con ALGOL 60. En general, la idea de Dahl y Nygaard era implementar SIMULA como un paquete de procedimientos de simulación junto con un pre-procesador para ALGOL 60. La idea del pre-procesador implicaba que un programa SIMULA dado primero tenía que ser traducido a ALGOL y entonces ser compilado en un programa ejecutable. En otras palabras, dependía de ALGOL 60.

Esta operativa demostró ser un obstáculo cuando se trataba de simulación. Sin embargo, en esta etapa inicial estaban preocupados principalmente por la idea de que los clientes en un modelo de simulación pudieran representarse como bloques ALGOL y caracterizarse mediante el uso de variables locales. En ese momento, esta idea parecía bastante prometedora, ya que el mecanismo de bloque recursivo de ALGOL permitía múltiples apariciones de estructuras de datos definidas por el usuario.

No fue hasta la primavera de 1963 que Dahl descubrió mientras trabajaba en el esquema de administración de almacenamiento que las estructuras de bloques de ALGOL estrictas, dinámicas y con una pila simple eran incompatibles con una adecuada implementación de las sofisticadas facilidades de simulación de SIMULA.

El problema al que se enfrentaron Dahl y Nygaard en esta etapa fue que las llamadas a procedimientos de ALGOL y los mecanismos de reserva de almacenamiento operaban por un principio de pila, mientras que los objetos (clientes) en un modelo de simulación tendían a comportarse según el principio de cola.

A la luz de los descubrimientos se dieron cuenta de que no podrían alcanzar sus objetivos de diseño a menos que encontrasen una forma de sortear el riguroso tratamiento de pila de ALGOL.

Durante el verano y otoño de 1963 mientras Nygaard se ocupaba de problemas políticos, Dahl comenzó a trabajar en un nuevo esquema de asignación de almacenamiento basado en una lista bidimensional de áreas libres. Con este nuevo esquema no solo sortearon las restricciones impuestas por ALGOL 60 sino que además decidieron eliminar la idea del pre-procesador completamente. En su lugar, decidieron implementar SIMULA como una versión modificada del compilador de ALGOL 60 de UNIVAC.

Este cambio supuso la apertura de un nuevo conjunto de perspectivas sobre SIMULA y fueron obligados a comenzar de nuevo otra vez. A lo largo de los sucesivos cambios aparecían nuevos descubrimientos abandonando los conceptos iniciales que se veían algo *estrechos*. Dahl y Nygaard introdujeron un concepto de proceso mucho más potente.

Un proceso puede ser entendido como un procedimiento generalizado de ALGOL con propiedades cuasiparalelas operando como pilas de ALGOL dentro de un programa principal.

En marzo de 1964 se terminó la fase de diseño y comenzó a traducirse todo del papel hasta conseguir un compilador operativo. El esfuerzo de implementación fue dirigido únicamente por Dahl con la ayuda de dos ingenieros de software estadounidenses: Ken Jones y Joseph Speroni.

En diciembre de 1964 se obtuvo el primer prototipo del compilador SIMULA I.

10.4. Expansión y evolución de SIMULA

Durante 1965 y 1966 tanto Dahl como Nygaard invirtieron mucho de su tiempo presentando y enseñando SIMULA. El uso del lenguaje rápidamente se extendió a Suecia, Alemania, la Unión Soviética y un gran número de países. El compilador estuvo disponible para los computadores UNIVAC, Burroughs en 1968 y el computador ruso URAL-16 un poco más tarde.

Por otra parte, Knut Skog en Trondheim les sugirió implementar un nuevo ALGOL para el UNIVAC 1107 ya que presentaba algunos problemas conocidos y se les ocurrió que SIMULA podría ayudar a este respecto. Dahl y Nygaard vieron la propuesta prometedora. No en vano, a lo largo de los años enseñando y mostrando el lenguaje habían ido acumulando muchos nuevos conceptos e incluso la idea de convertir SIMULA en un lenguaje de propósito general.

Algunas grandes figuras como Tony Hoare a través de su charla sobre el constructo de clase de registro de 1965 (Hoare, 1965) hicieron que se replantearan la idea de proceso convirtiéndola en objeto y la idea de un prefijo, una capa que contiene las referencias a su predecesor y sucesor junto con un número de propiedades y una capa principal conteniendo los atributos del objeto en cuestión. Este prefijo sería la base del concepto de clase que se describe de pasada en la versión refinada de SIMULA I. De esta forma se pudo definir la herencia a través de esa clase y subclases.

Finalmente, Dahl y Nygaard escribieron todos los cambios planteados y los presentaron en la Conferencia [IFIP] sobre lenguajes de simulación que tendría lugar en mayo de 1967 en Oslo. Sin duda, una ocasión de gran importancia para dar a conocer su trabajo SIMULA 67.

Tras esta conferencia en junio de 1967 Dahl y Nygaard presentaron otras nuevas ideas como la unificación de *type* (tipo) y *class* (clase). Pero la nueva propuesta trajo consigo serias discusiones y tras haber considerado las dificultades e implicaciones el enfoque pragmático prevaleció y los implementadores la rechazaron.

Hubo muchas discusiones sobre aspectos prácticos del lenguaje como la entrada y salida de datos que Dahl y Nygaard no habían considerado y tras el trabajo realizado por todos, aún habiendo definido muchos de los aspectos dejando fuera algunas de las ideas que traían consigo los autores SIMULA 67 fue congelado para mantener una especificación acorde para la implementación en cada una de las plataformas posibles.

Aún habiendo conseguido un gran avance y obtener el reconocimiento de todos los que veían en SIMULA un gran lenguaje de programación, Dahl y Nygaard no dejaban de pensar en SIMULA como si fuera una estatua a la que le faltase una pierna.

10.5. El lenguaje

Como hemos dicho, el lenguaje incorporó una serie de nuevos conceptos que no estaban aún presentes en ningún otro lenguaje de programación y por tanto, fijar estos conceptos inicialmente fue complejo e ir acomodando los mismos fue un trabajo arduo.

Podemos ver cómo es el código de SIMULA con un ejemplo:

```
Begin
   Integer Procedure GCD(M, N); Integer M, N;
   Begin
      While M<>N do
         If M<N then N := N - M else M := M - N;
      GCD := M
   End of GCD;

   Integer A, B;
   OutText("Enter an integer number: ");
   OutImage; A := InInt;
   OutText("Enter an integer number: ");
   OutImage; B := InInt;
   OutText("Greatest Common Divisor is ");
```

```
    OutInt(GCD(A,B), 4); OutImage;
End of Program;
```

Aquí vemos un programa simple. Consta de un procedimiento para calcular el máximo común divisor dados dos números. Podemos observar la influencia en la sintaxis de ALGOL.

En el siguiente ejemplo define una clase principal llamada Geometria y dentro de esta Punto y Linea. Vemos el uso que hace de las clases recién creadas creando nuevos datos a través de Ref(···).

```
Class Geometria;
Begin
  Class Punto(X,Y); Real X,Y;
  Begin
    Procedure Print; Begin  ...  End;
    Procedure Shift(Dx, Dy); Real Dx, Dy;
        Begin  ...  End;
    Print;
  End of Point;

  Class Linea(M,N); Ref(Point) M,N;
  Begin
    Real Slope;
    Slope :=  ...  ;
  End of Line;

  Origin :- New Point(0,0);
  A :- New Point(1,0);
  B :- New Point(0,1);
  X :- New Line(Origin, A);
  Y :- New Line(Origin, B);
  OutText("*** Geometry initialized ***");
OutImage;
```

```
End of Geometry;
```

El código no está completo, puedes ver puntos suspensivos donde falta la definición de algunos procedimientos dentro de las clases.

10.6. Caída y legado de SIMULA

Uno de los factores por los que un lenguaje de programación puede desaparecer es por no fijar bien sus conceptos, por ser sucedido por otro lenguaje que sí fija bien o va más allá con los conceptos que propone o por su falta de rendimiento en la forma de incorporar sus conceptos. SIMULA reunía todas y cada una de estas razones para su desaparición.

El gran problema que muchos programadores reportaban sobre SIMULA tenían que ver con el rendimiento y fue uno de los factores determinantes para su desaparición. Otro de los motivos tuvo que ver con la aparición de Smalltalk en la década de 1970 y la aparición del paradigma de la orientación a objetos que venía a definir y completar la visión de SIMULA.

Fuera como fuese, hemos expuesto comentarios de James Gosling (Java), Bjarne Stroustrup (C++) y Alan Kay (Smalltalk) que comentaron su gran influencia de este lenguaje de programación para crear sus lenguajes donde implementaron las ideas de SIMULA en mayor o menor medida y sobre todo, el caso de Alan Kay que fue más allá acuñando la metodología de la orientación a objetos. Por lo que podemos terminar diciendo que SIMULA fue el primer lenguaje donde se presentó la orientación a objetos y tomando la sintaxis de ALGOL trazó una línea que otros muchos lenguajes después siguieron.

Capítulo 11. Euler

> El primer experimento dio lugar a una tesis y al lenguaje de Euler: un viaje con un cuchillo a través de la jungla de características y posibilidades del lenguaje. El resultado fue elegancia académica, pero poca utilidad práctica, casi una antítesis de los lenguajes de programación estructurados y tipificados de datos posteriores.
>
> — Niklaus Wirth

En este capítulo hablaremos de un lenguaje poco conocido, Euler, pero también y principalmente sobre Niklaus Wirth, quien se convertiría durante esta y las siguientes décadas en uno de los mayores diseñadores de lenguajes de programación.

El lenguaje Euler de por sí no fue muy utilizado porque se construyó como un experimento para demostrar cómo definir mejor los lenguajes de programación. El experimento de Euler constituyó el inicio de la carrera de Wirth en el campo del diseño de lenguajes de programación al igual que Backus comenzara con Speedcoding o Hopper con A-0, Euler fue el punto de partida de Wirth.

Comenzaremos desde el principio.

11.1. Niklaus Wirth

Niklaus Emil Wirth nació en Winterthur, Suiza en 1934, estudió ingeniería electrónica en el ETH de Zurich en 1959 y en 1960 obtuvo un máster de ciencias en la Universidad de Laval en Quebec. Su doctorado lo obtuvo en 1963 en la Universidad de California, Berkeley en ingeniería electrónica y ciencias de la computación.

Figura 21. Nikalus Emil Wirth

A partir de ese momento tomó un trabajo como profesor asistente en la Universidad de Stanford volviendo en 1968 al ETH de Zurich donde obtuvo un puesto como profesor en informática.

También fue miembro de la Federación Internacional para el Procesamiento de Información [IFIP] con la misión de la definición de ALGOL 60 y ALGOL 68 a través del grupo de trabajo 2.1 en lenguajes algorítmicos y cálculo.

De hecho, antes de dejar Stanford publicó su trabajo sobre Euler junto a Helmut Weber. Este lenguaje fue una generalización y simplificación de ALGOL 60 para probar un método de definición formal de lenguajes de programación.

Euler fue un experimento pero marcó el punto de partida para Niklaus Wirth y su trabajo en los lenguajes de programación.

11.2. La definición de Euler

En Estados Unidos durante la década de 1960 se hicieron fuertes lenguajes de negocios y para empresas. Lenguajes como FORTRAN o COBOL eran fuertes en los Estados Unidos mientras en Europa el panorama era diferente porque la computación se ejercía principalmente en entornos académicos y por tanto ALGOL 60 era el lenguaje más usado (Christopher, 1996).

Sin embargo, como dijimos en el Capítulo 3, el lenguaje presentaba problemas. Aunque la notación de Backus y Naur [BNF] ofrecía una solución elegante para definir los lenguajes de gramáticas de contexto libre, tenía algunos problemas con respecto a la semántica y tanto Wirth como von Wijngaarden se lanzaron a experimentar con sus propias notaciones.

El informe de ALGOL 68 se destacó por emplear la notación de von Wijngaarden. No obstante, esta notación no era comprensible y el informe no fue entendido por muchos constituyendo este uno de los problemas para su adopción.

Wirth y Weber crearon un método formal para definir lenguajes de programación en su documento *EULER: Una Generalización de ALGOL y su Definición Formal: Parte I* (Wirth & Weber, 1966) y *Parte II* (Wirth & Weber, 1966). Según ambos autores:

> Un lenguaje solo puede explicarse en términos de otro lenguaje que ya se entienda bien.

Es decir, no podemos definir el lenguaje ALGOL desde una notación que sea difícil de entender porque sino tenemos dos problemas, entender en primera instancia la notación y después el lenguaje que esta notación define. Después de todo, el objetivo de un lenguaje de programación es traducirse a lenguaje máquina por lo que sería más apropiado utilizar operaciones de máquina elementales.

El enfoque era definir el lenguaje a través de su compilador pero no simplemente proporcionando un compilador como una caja negra con la que realizar experimentos. El código fuente del compilador se proporciona para ayudar en su entendimiento.

El lenguaje EULER fue creado para simplificar al máximo el lenguaje de programación ALGOL y servir como ejemplo. Proporcionaron rutinas semánticas que un compilador ejecutaría durante el análisis de un programa EULER. Estas rutinas manipulan una tabla de símbolos y colocan instrucciones de máquina abstractas en una matriz. Proporcionaron un intérprete para las instrucciones abstractas de la máquina.

Dado que estaban definiendo al traductor en términos de las acciones que realiza el compilador durante el análisis de un programa, tuvieron que especificar el algoritmo de análisis para que el orden de las acciones fuera completamente claro. Dedicaron más de la mitad de la Parte I de su artículo a definir el análisis de precedencia simple que utilizaron para su compilador.

Afirman que si uno comprende el idioma en el que están escritos el traductor y el intérprete y el orden de las reducciones realizadas por el analizador, entonces comprende el significado de un programa EULER.

Este enfoque tiene una cantidad de ventajas claras: define un lenguaje de programación en términos que un programador entrenado puede entender. Demuestra que puede ser compilado. Hace que sea más fácil ser portado a una nueva máquina.

Definir un lenguaje en términos de su compilador prueba que puede ser compilado. ALGOL 60 tenía fallos en su diseño que hacía su compilación difícil. Los diseñadores de ALGOL 60 aparentemente pensaron que estaban especificando la llamada por referencia (*call-by-reference*) cuando lo que inventaron fue la llamada por nombre (*call-by-name*) entre otros problemas.

Los implementadores encontraron todos estos problemas que realmente podrían haber descubierto los diseñadores si hubiesen definido el lenguaje en términos de su compilador.

Wirth y Weber también señalaron que un diseño del lenguaje basado en un compilador podría haber ayudado a portar el lenguaje. No obstante, definir un lenguaje por su compilador no es un enfoque perfecto. El compilador puede contener errores, especialmente si se usa solo como referencia y no es ejecutable. De hecho, EULER tuvo algunos problemas como por ejemplo, la necesidad de insertar un registro inicial de activación en la pila antes de ejecutar el programa.

11.3. El experimento fallido

Aunque las ideas de Wirth y Weber proponían un modo de especificar las gramáticas de los lenguajes de programación, la necesidad de crear el compilador para poder obtener la documentación del mismo no parecía un paso lógico en la construcción de un lenguaje de programación y terminó por quedar como un experimento fallido.

De hecho, Wirth seguiría trabajando en este área y pronto daría con otro método para definir de una forma más consistente lenguajes de programación como Pascal. Pero eso no llegaría hasta la década de 1970.

El lenguaje EULER, como dijimos en un inicio no era más que una versión simplificada de ALGOL 60 y que sirvió como sujeto de laboratorio y experimentación. Aunque tanto Wirth como Weber implementaron su compilador e intérprete, Euler fue un lenguaje que no llegó a emplearse más allá de los documentos publicados y su método no obtuvo la suficiente atención como para ser utilizado más adelante.

De hecho y como vimos en el Capítulo 3, el siguiente trabajo realizado por Wirth (1965) fue ALGOL-W y no empleó este método de definición sino [BNF] por considerar que al tratarse de un trabajo de revisión sobre ALGOL 60 debía realizarse en los mismos términos.

Capítulo 12. Los laboratorios Bell, CPL y BCPL

> No se puede ver la madera semántica de los árboles sintácticos.

— Christopher Strachey

Tomando como raíz ALGOL 60, en Cambridge decidieron hacer un lenguaje de programación. En principio y dado que el lenguaje partiría de Cambridge, decidieron llamarlo *Cambridge Programming Language* [CPL], pero pronto se aunaron esfuerzos también de la Universidad de Londres por lo que su nombre cambió a *Combined Programming Language* para indicar ese esfuerzo combinado. Por ese motivo también recibió el sobrenombre de *Cambridge Plus London* (Cambridge más Londres) e incluso, debido a que su principal autor fue Christopher Strachey obtuvo un nombre más *Christopher's Programming Language*.

En cualquier caso y dado que con el tiempo muchos nombres creados a través de siglas o acrónimos terminan perdiendo su significado real, este lenguaje llegó a ser únicamente CPL.

Ya avanzamos en el Capítulo 4 que uno de los creadores fue Christopher Strachey y aunque hubo muchas más personas implicadas resaltaremos también la figura de otro sus los creadores, David Barron. Daremos principal foco a estos dos científicos para introducir la historia de CPL.

12.1. Christopher Strachey

La familia de Christopher dejó el listón muy alto comenzando por el padre, Oliver Strachey que trabajó como criptógrafo entre la Primera y Segunda Guerra Mundial, Barbara Strachey su hermana mayor y reconocida escritora y finalmente su tío Lytton Strachey que pertenecía al Grupo Bloomsbury al igual que otros intelectuales de principios del siglo XX como Virginia Woolf o John Maynard Keynes.

Christopher no fue menos y ya en sus primeros años de formación demostró signos de brillantez pero al mismo tiempo un nivel bastante preocupante de descuido por sus estudios. De hecho, coincidió con Alan Turing en el King's College de Cambridge donde siguió descuidando sus estudios.

Strachey comenzó sus estudios en matemáticas pero luego se pasó a física. Tras su tercer año sufrió un ataque de nervios, posiblemente por la aceptación de su homosexualidad. Volvió a Cambridge pero no consiguió muy buenos resultados.

Figura 22. Christopher Strachey

Incapaz de concluir su educación, comenzó a trabajar en la empresa de *Standard Telephones and Cables* [STC], una empresa de telecomunicaciones de Reino Unido que se destacó por inventar y desarrollar algunas tecnologías innovadoras como la modulación por impulsos codificados [PCM] o la fibra óptica.

Su primer trabajo fue realizar análisis matemáticos para el diseño de tubos de electrones utilizados en radares. La complejidad de los cálculos requirió el uso de un analizador diferencial. Esta experiencia inicial con una máquina informática despertó el interés de Strachey y comenzó a investigar el tema.

Tras la Segunda Guerra Mundial tuvo la posibilidad de comenzar su carrera como maestro en matemáticas y física en un par de colegios y esto le llevó a conocer en 1951 a Mike Woodger del Laboratorio de Física Nacional [NPL]. El laboratorio había conseguido construir una versión reducida de la máquina [ACE] de Turing a la que llamaron Pilot ACE.

En su tiempo libre, Strachey desarrolló una versión preliminar del juego de las damas (*checkers* en inglés americano y *draughts* en inglés británico). El juego dejaba completamente exhausta la memoria del Pilot ACE y tuvo errores al ejecutarse, por lo que Strachey solicitó a su viejo compañero de facultad, Alan Turing, un manual del Manchester Mark I que disponía de mucha más memoria.

En 1952, Strachey consiguió ejecutar en esa máquina su juego, pudiendo completar una partida a una velocidad aceptable. Este puede ser el primer juego de computador desarrollado y ejecutado en un computador y como Strachey no le puso nombre, Noah Wardrip-Fruin, un profesor de la Universidad de California lo llamó MUC Draughts.

También en 1951 en el Ferranti Mark I, Strachey se convirtió en la primera persona que tocó música a través de un computador, concretamente el himno nacional británico *God Save the King* (Dios Salve al Rey) y durante el verano de 1952 se dedicó a crear un programa para la generación de cartas de amor, el primer programa de generación de texto literario.

A finales de la década de 1950, Strachey había trabajado tanto con computadores y proporcionó algunas de las ideas y conceptos que revolucionarían la década de 1960. Tal y como hemos visto a lo largo de estos capítulos, el concepto de tiempo compartido en los sistemas operativos se convirtió en una pieza clave y Strachey fue quien escribió el concepto de tiempo compartido en 1959.

Su trabajo con los computadores le hizo dedicarse durante la década de 1960 como consultor de distintas compañías como Ferranti y tareas que iban desde el diseño de computadoras al diseño de lenguajes de programación de alto nivel. También tomó en esta etapa de su carrera a un joven Peter Landin que veremos más adelante en el Capítulo 18.

Figura 23. David W. Barron

En 1962 aceptó un puesto en la Universidad de Cambridge mientras seguía ejerciendo como consultor.

12.2. David W. Barron

David W. Barron es considerado uno de los padres fundadores de las ciencias de la computación. Barron comenzó su carrera académica en la Universidad de Cambridge, donde realizó un doctorado en el Laboratorio Cavendish. Su investigación involucró trabajos muy tempranos en aplicaciones informáticas.

Después de su doctorado, se unió al Laboratorio de Matemáticas de Cambridge y contribuyó al desarrollo de la computadora EDSAC 2. A principios de la década de 1960, fue líder de desarrollo de software en el proyecto Titan, un esfuerzo conjunto con Ferranti para desarrollar una versión reducida de la computadora Atlas. En este cargo, dirigió los esfuerzos de Cambridge para desarrollar Titan Supervisor, un sistema operativo de programación múltiple y CPL.

12.3. El esfuerzo de CPL

Como hemos anticipado, Barron había sido contratado para dirigir un par de proyectos y entre ellos estaba CPL mientras que Strachey era un consultor externo que había sido contratado también por su experiencia para el desarrollo de este lenguaje.

El objetivo de desarrollar CPL fue producir un lenguaje que pudiera ser usado para todo tipo de problemas, numéricos y no numéricos, y pudiese permitir a los programadores explotar todas las facilidades de un computador grande y potente sin tener que escribir código máquina (Barron etal., 1963).

Los autores del documento de características de CPL agradecen a los autores del informe de ALGOL 60 su trabajo porque marcó para ellos un punto clave en el desarrollo de los lenguajes de programación ya que puso el foco y en gran medida resolvió, los problemas de definir inequívocamente un proceso o algoritmo computacional. Desgraciadamente, en el estado actual de desarrollo de computadores, una definición precisa de un algoritmo no equivale a un programa computacional para el desarrollo de un proceso.

Por este motivo, los autores no consideran que ALGOL 60 sea satisfactorio como lenguaje de programación y con CPL claman haber conseguido un lenguaje que permite al programador mantener el contacto con el bajo nivel de la máquina, ampliando así la forma de definir y manipular datos no numéricos. El resultado es un lenguaje que es independiente de la máquina pero está orientado hacia la máquina.

La implementación del lenguaje se llevó a cabo en la máquina Atlas de Londres y la máquina Titán de Cambridge.

Curiosamente, aunque la sintaxis de los lenguajes tiende a ser el punto más crítico e importante, los creadores de CPL mantuvieron que la sintaxis carece de importancia real como principio del desarrollo del lenguaje. La explicación de este principio se ofrece en la siguiente frase:

> Uno debe decidir que quiere decir antes de decidir cómo decirlo.

Por lo que el primer documento emitido sobre CPL cubría las características principales sin pretender contener una sintaxis o semántica completa del lenguaje prometiendo la preparación y posterior publicación de una sintaxis completa y formal más adelante.

12.4. El lenguaje CPL

Todo programa CPL está compuesto por definiciones y comandos. Las definiciones asocian ciertos nombres con datos, estructuras de datos, funciones o descripciones de procesos. Los comandos por otro lado asocian instrucciones para realizar evaluaciones o modificar el valor de la información contenida en el computador.

Los programas se dividen subsecciones llamadas bloques. En el caso más simple, un bloque consiste de una serie de definiciones que son activadas simultáneamente y seguidas por una serie de comandos que se ejecutan de forma secuencial a menos que un comando especifique un cambio en la secuencia.

Los bloques pueden anidarse dentro de otros bloques lo cual puede encontrarse en similitud con ALGOL. Las definiciones y comandos están formados por expresiones. Gran parte de la potencia de CPL radica en el número de diferentes tipos de expresiones y las formas en las que estas pueden combinarse.

CPL está hecho para el manejo de ítems. La mayoría de ítems que podemos encontrar son números (reales, enteros y complejos). En este punto es curioso encontrar un tipo de dato como los números complejos siendo parte de la base del lenguaje y aunque parecen simples, estos tipos de datos podían doblarse para incrementar la precisión y en el caso de los números enteros, dependiendo de la arquitectura de la máquina podía tener mayor o menor tamaño máximo. Estaba ligado a la máquina.

Saltemos el resto de la definición del lenguaje para ver un ejemplo que nos ayude a tener una mejor idea de cómo es el lenguaje:

```
function Fact2[x] = result of
  § real f = 1
    until x = 0 do
      f, x := xf, x - 1
    result := f §/
```

La sintaxis de CPL dependía de muchos símbolos que hoy en día figuran principalmente en UTF-8 pero no en la tabla ASCII de 127 elementos como el símbolo de cierre para § el cual es el mismo símbolo pero con una barra vertical atravesándolo.

La función representada calcula el factorial de una lista de números reales pasada como parámetro (x). El código no es muy difícil de leer pero resulta algo confuso. De hecho, la sintaxis matemática sugiere que la unión de dos letras (xf) se interprete como una multiplicación y la asignación (:=) pueda realizarse de forma múltiple separando las variables donde se almacenará el valor con comas (izquierda) y la parte donde se especifican los nuevos valores también separados por comas. De modo que el nuevo valor de f constituya la multiplicación xf y el nuevo valor de x el decremento x - 1.

Pero uno de los grandes avances del trabajo realizado en CPL fue la separación de los detalles léxicos y sintácticos del lenguaje de los detalles semánticos. El uso de *Lvalue* y *Rvalue* fue otra de sus grandes ideas para describir los valores pasados por referencia y los valores de los parámetros, respectivamente. Estos terminos se derivan del tipo de valores necesarios cuando se evalúan expresiones en el lado izquierdo o derecho de los comandos de asignación.

Pero aunque toda la definición del lenguaje estuvo muy bien elaborada en diferentes documentos, un compilador completo de CPL no fue posible hasta la década de 1970 principalmente debido a su complejidad.

Muchos estudiantes de la universidad de Cambridge se dedicaron a investigar empleando el EDSAC 2 pero la máquina era limitada en memoria así que se implementó un subconjunto de CPL que se codificaba a mano a una secuencia de macro llamadas que podían generar código ensamblador tanto para EDSAC 2 como para Atlas.

Strachey diseñó un elegante macro-generador llamado [GPM] (ver el Capítulo 2 la Sección 2.4.1) para este propósito.

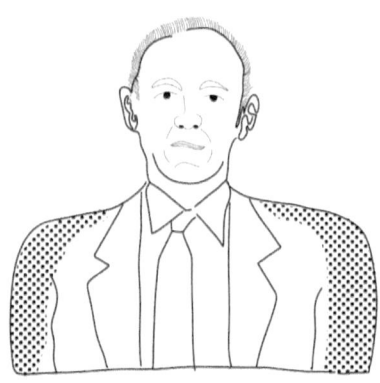

Figura 24. Martin Richards

Uno de esos estudiantes que realizaron sus tesis doctorales en Cambridge fue Martin Richards. Richards estudió matemáticas y se graduó en la Universidad de Cambridge donde hizo su tesis doctoral titulada *El diseño e implementación de un lenguaje de programación similar a CPL* (1967). También escribió en 2011 un documento donde comentaba toda esta Historia tanto de GPM, como de CPL y BCPL (Richards, 2012).

 Richards fue el primero en escribir un programa de ejemplo que imprimiese *hello world*. A partir de ese código de ejemplo, muchos emplearían ese pequeño mensaje como el programa más simple a implementar en cualquier lenguaje.

Richards escribió sobre las ideas de Strachey que cuando una idea es buena debe usarse donde sea aplicable y en el caso de CPL esto fue llevado al extremo. No solo los parámetros de las funciones podían ser pasados por valor o referencia, sino que los valores ordinarios podían definirse también por valor o referencia:

```
let x, y = 1, 2
let a, b = x, y
let i = a
```

En este ejemplo tanto x como y son definidas por valor creándose dos posiciones nuevas en memoria para ellas mientras que a y b son declaradas por referencia dándoles los mismos *Lvalores* de x e y. En la última línea, la declaración de i requiere de la evaluación *Rmode* de la variable a así que se realiza un nivel de desreferenciación.

No obstante y como decíamos al principio, el compilador de CPL había sido escrito como un subconjunto informal de sí mismo y codificado a mano en una secuencia de llamadas a macros GPM que eran esencialmente lenguaje ensamblador de una máquina abstracta.

En algún momento entre 1965 y 1966 se desarrolló completamente esta máquina abstracta basada en GPM que se empleaba para implementar una porción significativa de CPL produciendo compiladores que se ejecutaban tanto en EDSAC 2 y el Atlas. Richards se desplazó al MIT en 1966 y completó los detalles sintácticos del subconjunto de CPL que habían empleado, tratando la máquina abstracta como si fuesen semánticas operativas del lenguaje.

Uno de los primeros cambios que tuvo que acometer fue el uso de una tabla de caracteres que funcionase en los computadores donde trabajaba.

12.5. De CPL a BCPL

En 1967 se publicó un juego de caracteres que se asemejaba a los caracteres ASCII de hoy en día. Anteriormente a este momento, cada computador definía su propia tabla de caracteres y muchas veces de forma muy limitada. Por ejemplo, las primeras máquinas donde Richards implementó BCPL fue en un IBM 7094 corriendo [CTSS] con un código estándar de caracteres de 6-bits empaquetado en palabras de 36-bits. Estas eran las tablas de caracteres que usaba FORTRAN y no disponían ni de corchetes ([ ]), ni llaves ({ }), ni punto y coma (;), ni comillas dobles ("), ni subrayado (_).

Sin embargo, CPL era empleado en computadoras con una tabla de caracteres mucho más amplia y por tanto para poder ejecutar BCPL en el IBM 7094 tenían que representar elementos léxicos de forma diferente.

Este fue uno de los motivos por los que cambió de nombre a [BCPL], *Basic CPL*, aunque en otros textos dicen que pudo haber sido llamado así también por *Bootstrap CPL*, ya que pudo haberse iniciado su desarrollo para facilitar la compilación de CPL.

La simplificación del código hizo que al elegirse otros símbolos, el código de las asignaciones visto anteriormente, en este nuevo lenguaje se viese de esta forma ahora:

```
LET x = 10 ①
LET a = @x ②
LET i = !a ③
```

① Inicializa x con el valor 10.

② Declara a para que apunte al valor contenido en x.

③ Declara i para ser el contenido de la memoria apuntado por a.

Otro de los cambios que agregó Richards para evitar ambigüedades fue emplear paréntesis para las llamadas a función y los corchetes para el acceso a elementos de las listas eliminando el doble uso que hace CPL de los corchetes para ambos usos.

Aunque la gran cantidad de comandos para bucles permaneció inalterada de CPL a BCPL pudiendo emplear tanto FOR como IF, TEST, WHILE, UNTIL, REPEAT, REPEATWHILE y REPEATUNTIL.

El inicio y fin de bloque al principio se implementó con el uso de $(para abrir y $) para cerrar, pero dado que era algo confuso, en el momento que las llaves estuvieron disponibles se emplearon en su lugar.

12.6. Los laboratorios Bell

Como habíamos dicho, Richards llevó CPL al MIT y lo convirtió en BCPL mientras lo seguía adaptando y trabajando en él a través de la década. A finales de la década de 1960 los laboratorios Bell, junto con General Electric y el MIT comenzaron un proyecto conjunto. El proyecto no avanzaba con buen paso y Ken Thompson comenzó a investigar alternativas.

Thompson quería crear un entorno cómodo para la programación usando los medios de que disponía, su plan era incorporar muchos de los aspectos innovadores de Multics incluyendo la noción explícita de proceso, un sistema de ficheros arborescente, un intérprete de comandos como un programa a nivel de usuario, representación ficheros simples de texto y acceso generalizado a los dispositivos (Ritchie, 1993).

Multics estaba escrito en PL/I (ver el Capítulo 16) tal y como veremos más adelante, pero no era del agrado de los programadores de los laboratorios Bell y sin embargo, a través de su trabajo en el MIT descubrieron BCPL. En ese momento la portabilidad no les preocupaba, querían poder avanzar en su proyecto y Thompson comenzó a trabajar en una pequeña máquina, una DEC PDP-7 con una memoria de 18K. Aunque quiso emplear un lenguaje de alto nivel, escribió un sistema operativo en el ensamblador de PDP-7. Fue realizando pruebas hasta tener un núcleo primitivo, un editor, un ensamblador, un intérprete de comandos simple y algunas utilidades. Después de este punto, el sistema operativo era autosuficiente.

Figura 25. Ken Thompson

El ensamblador escrito por Thompson superó en simplicidad al del propio DEC y las herramientas parecían suficientes hasta que McIlroy (ver en el Capítulo 2) creó el primer lenguaje de alto nivel para el nuevo sistema, en verdad fue una implementación del [TMG] de McClure, un lenguaje creado para escribir compiladores que McIlroy adaptó y empleó para poder diseñar compiladores dentro de este nuevo sistema de Thompson, a partir de ahí, en los laboratorios Bell se haría auténtica historia, pero de estos avances hablaremos más adelante en el Capítulo 23.

Capítulo 13. RUNCOM y Multics

> Multics fue la prueba viviente de que era posible un sistema operativo maduro - que una gestión de memoria sofisticada, un sistema de archivos jerárquico, una cuidadosa atención a la seguridad y todo lo demás podían integrarse en un todo único y coherente.
>
> — M. Mitchel Waldrop

En 1962 se produjo la crisis de los misiles de Cuba. Ante el incidente, Dwight D. Eisenhower destinó un presupuesto adicional a su Departamento de Defensa para proporcionar más tecnología y a través del MIT se invirtió principalmente en proyectos relacionados con computadores, inteligencia artificial y sistemas operativos.

Todo se gestó a través del proyecto MAC *Mathematics and Computation* o Matemáticas y Computación, fue un esfuerzo colaborativo para desarrollar un sistema de tiempo compartido. Como dijimos, en 1959 Strachey presentó el primer documento hablando de esta tecnología y John McCarthy distribuyó una carta en el MIT acerca de crear y usar un sistema operativo que tuviese esa característica.

Hay que recordar que en el MIT se gestaron durante la década anterior grandes avances en la computación a través del proyecto Whirlwind (Rubio Jiménez, 2021). La Historia propia del proyecto MAC es compleja y controvertida por lo que no entraremos en ella, lo que nos interesa es su implicación en el desarrollo del sistema operativo Multics.

Lo que es importante tener presente es que fue un esfuerzo no solo por parte del MIT, sino también de los Laboratorios Bell y General Electric.

13.1. La construcción de Multics

El profesor Robert M. Fano estuvo al cargo de la organización del proyecto MAC. Se marcó el objetivo de tener un sistema en ejecución para finales de 1965, pero no fue posible. La elección de hardware se había marcado para trabajar con el GE-645 de General Electric y tuvieron retrasos en el diseño y la producción del computador que no fue entregado hasta 1967.

Figura 26. Robert M. Fano

Para poder trabajar, General Electric entregó un GE-635 en agosto de 1965 con un simulador del 645. El simulador era tan lento que fue llamado 6.35 porque hacía al GE-635 ir 100 veces más lento.

Aunque el sistema operativo empleado para comenzar el trabajo fue CTSS y las herramientas pertenecían al FORTRAN Monitor System, los conceptos para la construcción de Multics partieron desde cero diseñando todos los formatos, convenciones y herramientas. Incluso optaron por emplear la tabla de caracteres [ASCII] en lugar de la IBM [BCD] usada hasta el momento por CTSS o la GE BCD empleada por el sistema operativo de General Electric GECOS.

IBM propuso al proyecto emplear el lenguaje de programación PL/I (ver el Capítulo 16). Este lenguaje pasó a formar parte del proyecto en 1964. Los Laboratorios Bell contrataron a Digitek, una compañía con experiencia en el desarrollo de compiladores para producir un compilador de PL/I para Multics. Cuando tuvieron claro que el proyecto no progresaría, McIlroy y Morris crearon una sucia y rápida versión del compilador TMG de McClure para [EPL] (*Early PL/I* o PL/I temprano), un subconjunto del lenguaje PL/I.

El compilador de EPL era muy lento y producía código ineficiente para algunos comandos. En 1968 el equipo de General Electric comenzó a trabajar en un compilador de PL/I escrito en PL/I para intentar subsanar estos problemas.

El primer hito de Multics fue demostrar su carga o arranque y ejecución de un único proceso en diciembre de 1967. La ejecución de multi-procesos se demostró unos meses más tarde a través de una consola ejecutando comandos escritos en PL/I. El proceso de entrada y salida se llevó a cabo a través de terminales conectadas por líneas telefónicas.

El tercer hito mostró el multi-proceso y multi-programa con la ejecución de varios procesos de usuario desde las terminales. El control de acceso al sistema de ficheros fue mostrado en el hito conseguido en mayo de 1968 y para octubre de 1969 disponían de una demostración de Multics con 8 usuarios.

Estos hitos correspondieron a la integración de muchos componentes de software: administración de memoria incluida paginación, segmentación y anillos; administración del sistema de ficheros; administración para la creación, programación e interrupción de procesos; terminal de E/S; y organización del espacio de direcciones de usuario, comandos de consola y enlaces dinámicos.

Los fallos frecuentes del sistema y un bajo rendimiento requirieron un esfuerzo no planificado del equipo que diseñó el sistema entre 1968 y 1969 para corregir todos estos problemas y lanzar una primera versión del sistema operativo.

Los integrantes del proyecto escribieron un manual de Multics (*Early Multics Development and the MSPM, 1965-1969*) cuyas secciones comenzaban por B, ya que en el manual de CTSS las secciones comenzaban por A.

En la página dedicada a Multics [https://multicians.org] hay una serie de mitos donde se pregunta si Multics fracasó en 1969. La Historia nos dice que los Laboratorios Bell abandonaron ese proyecto en ese mismo año, pero el esfuerzo de Multics no cesó con el abandono de los Laboratorios Bell, ellos continuaron trabajando en el sistema operativo, en sus propias palabras:

> Bell Labs quit, Multics survived.

Es decir, los Laboratorios Bell abandonaron pero Multics sobrevivió. El siguiente mito habla de los objetivos de Multics, ¿los alcanzó? Según la página web sí, así fue, no fue un fracaso porque fue un sistema operativo en uso y cumplió sus objetivos, pero entonces, ¿por qué no triunfó como Unix?

Multics fracasó porque las ideas de arquitectura informática de alta gama se consolidaron en torno al conjunto de funciones VAX y System 360, y se alejaron de funciones como la segmentación y los múltiples anillos de protección, en los que confiaba Multics. Esto dejó al sistema operativo Multics sin la capacidad de ser portado e incapaz de aprovechar el cambio a sistemas de hardware más baratos y abiertos. Desafortunadamente, ocurrió en un momento en que la integración de circuitos aún no estaba lo suficientemente avanzada como para admitir funciones de protección básicas en microprocesadores de gama baja. Una década más tarde, UNIX se beneficiaría de poder seguir una curva tecnológica más estable y madura, beneficiándose de las mismas fuerzas que condenaron al fracaso el esfuerzo de Multics (Shapiro, 2004).

13.2. El origen de la *shell*

En la Sección 4.3 del Capítulo 4 hablamos del origen de [CTSS], no obstante, alrededor de cada sistema operativo siempre surge un ecosistema rico y extenso que propicia la aparición de software y en este caso, CTSS ayudó a la creación no solo de Multics, sino también de lenguajes de herramientas como RUNCOM.

La idea de Louis Pouzin, un científico de la computación francés que participó en la creación de CTSS mientras se encontraba trabajando en el MIT, fue permitir la ejecución en bloque de comandos que a su vez pudiesen convertirse en otros comandos. El resultado fue RUNCOM. La herramienta se hizo muy popular en muy poco tiempo permitiendo a los programadores dejar en ejecución una serie de programas durante la noche para eliminar tareas aburridas y repetitivas a las que se enfrentaban a diario tales como renombrar, mover, actualizar, compilar, etc (Pouzin, 2000).

Figura 27. Louis Pouzin

Pouzin sentía que los comandos deberían ser como bibliotecas de subrutinas. Esta idea se derivó de su trabajo con comandos en MAD (ver el Capítulo 4). Pouzin necesitaba llamadas a subrutinas similares a MAD para acceder a primitivas de CTSS, así que escribió en código ensamblador una batería de subrutinas de interfaz que imitaba las funciones de comandos básicos de CTSS. Quería crear comandos a partir de subrutinas que se encargaran de tareas comunes.

En 1964 llegó el tiempo de diseñar Multics. En principio no se involucró mucho porque pretendía volver a Francia a mediados de 1965, sin embargo, esta idea de usar comandos como un lenguaje de programación estaba todavía rondando su cabeza.

Strachey visitó el MIT en aquellas fechas y el diseño de su macro-generador (ver el Capítulo 2) parecía una base sólida para un lenguaje de comandos, en particular las técnicas de *quoting* (citado) y paso de argumentos. Pouzin entonces escribió un documento explicando cómo podría diseñarse un lenguaje de comandos para Multics con este objetivo y acuñó la palabra *shell*. Según Pouzin, el propósito de este procedimiento es crear un medio de intercambio en el que uno pueda activar cualquier procedimiento como si este fuese llamado desde dentro de otro programa así que por simplificación, nos referimos a este procedimiento como un "caparazón" (SHELL) (Pouzin, 1965).

Al pequeño grupo de *magos* de Multics le pareció una idea elegante, pero querían algo más refinado en términos de sintaxis del lenguaje. El tiempo de Pouzin en el MIT llegaba a su fin así que dejó que debatiesen mientras trazaba un diagrama de flujo del programa Shell. Ese diagrama se empleó más tarde para implementar la primera *shell* de Multics.

 Denis Ritchie y Brian Kernighan fueron preguntados por ese extraño comando llamado runcom y respondieron que había una función que ejecutaba un montón de comandos almacenados en un archivo. Fue tanto su éxito que fue copiado a Unix como rc.

13.3. El lenguaje RUNCOM

Como hemos visto, RUNCOM (*run commands*) se originó en CTSS y posteriormente pasó a Multics, como lenguaje no era muy complejo. Los ficheros donde se almacenaban los comandos a ejecutar se llamaban en principio cadenas de comandos o macro-comandos y más tarde se adoptó el término guion (*script*).

Las líneas dentro de un fichero podían ser de tres tipos: comandos, líneas en blanco o comentarios.

Las líneas de comentarios comenzaban con el carácter $ o *. La diferencia entre estos comentarios era que los comentarios cuya línea comenzaba por $ se imprimía por pantalla y los comentarios con * eran ignorados.

El comando CHAIN era empleado para tomar los parámetros pasados en la línea de comandos.

No se guardan códigos de ejemplo, por lo que no podemos aventurar cómo sería un código de ejemplo hecho en este lenguaje de secuencia de comandos, algo simple podría ser, si tenemos el comando SUMA y MULTIPLICA y queremos ejecutar ambos en cadena con los mismos parámetros, podríamos escribir el programa calcula.rc de la siguiente forma:

```
$ Tomamos los argumentos
CHAIN A B
$ Suma:
SUMA A B
$ Multiplicación:
MULTIPLICA A B
```

Ejecutamos el comando calcula.rc 5 5 y deberíamos ver por pantalla:

```
$ Tomamos los argumentos
$ Suma:
10
$ Multiplicación:
25
```

No hay especificación si al igual que los ficheros `Makefile` esta ejecución de comandos presentaba también el comando a ejecutar, si era así la salida arriba mencionada está incompleta.

13.4. Los lenguajes *scripting*

Los lenguajes de secuencia de comandos o *scripting* comenzaron con RUNCOM y se han hecho muy populares a partir de este primer lenguaje. La idea de simplificar la creación de los programas haciendo un uso de los lenguajes de macro al nivel de la línea de comandos fue tan popular que comenzaron a salir muchos lenguajes de este estilo en las siguientes décadas. Hoy en día muchos de los lenguajes más usados son de este tipo.

En este capítulo hemos hablado de dos proyectos, por un lado Multics como un sistema operativo que potenció el concepto de los sistemas operativos y por otro lado RUNCOM, el primero de los lenguajes de secuencia de comandos. Estas ideas constituyeron la base de los sistemas operativos y las raíces de muchas facetas de la programación.

Aunque Multics fue creado en PL/I, lo que motivo la salida de los Laboratorios Bell como hemos visto y propició la llegada del sistema operativo Unix. Estos temas los trataremos en el Capítulo 23.

Capítulo 14. JOSS, TELECOMP y MUMPS

> JOSS es una exploración en el continuo e íntimo contacto entre el usuario y el computador.
>
> — Cliff Shaw

Los sistemas operativos eran muy empleados en diversas empresas y en distintos computadores, pero no todos los computadores ni todas las empresas empleaban estos sistemas y sin embargo, la idea de implementar sistemas de tiempo compartido para exprimir los computadores al máximo permitiendo su uso por parte de distintos usuarios fue una idea que no solo partió del documento de Berner (Berner, 1957) sino también de Willis H. Ware en un memorandum interno de RAND que revisaba las propiedades de los computadores soviéticos (Ware, 1960).

Estaba claro que debía dotarse al JOHNNIAC de un sistema que le permitiese ser utilizado por varios usuarios y en lugar de recurrir al diseño e implementación de un sistema operativo completo, en RAND pensaron en simplificar a los usuarios las actividades que realizaban con sus computadores y de ahí surgió JOSS.

En una entrevista con Alan Kay, él dijo que el sistema JOSS no era como SIMULA pero permitía la ejecución en sistemas más pequeños lo que le confería una ventaja competitiva en este sector y la forma de escribir el código no era tan mala.

JOSS tuvo gran fama e influenció a otros lenguajes como puedes ver en la Figura 28, repasemos qué fue JOSS, quién lo creó, cómo era el lenguaje y su *descendencia*.

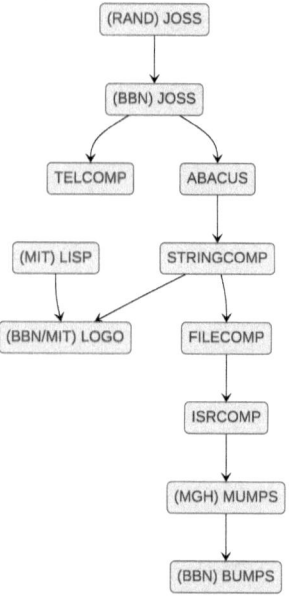

Figura 28. La influencia de JOSS

14.1. JOSS

[JOSS], *JOHNNIAC Open Shop System* o Sistema de Tienda Abierta JOHNNIAC fue un servicio de tiempo-compartido experimental de RAND Corporation diseñado para novatos en el mundo de la computación.

JOSS comenzó su primera fase patrocinado por las Fuerzas Aéreas en el Proyecto Procesador de Información cuya misión era mejorar la comunicación entre el hombre y la máquina. En 1955, algunos años antes del inicio del proyecto Cliff Shaw expresó su preocupación sobre el *comprador* de RAND.

No he encontrado muchas referencias sobre qué podría ser en realidad la terminología de *open shop* u *open shopper*. Teniendo presente que RAND se encargó de vender sus servicios de computación cabe suponer que su servicio de prestar el computador para que terceras personas pudiesen ejecutar sus programas pudo llamarse *open shop* y quienes adquirían este servicio, los compradores, serían los *open shoppers*. Pero solo son conjeturas.

No obstante, me he permitido la licencia de presentar a estos *open shoppers* como *compradores*.

Los compradores normalmente presentaban problemas que bien podrían resolverse con calculadoras de escritorio por sus características elementales y otras veces requerían de las destrezas sofisticadas de algún ingeniero. Shaw notó la demanda del personal de RAND para intervenir en el proceso de cálculo.

Shaw, al igual que hiciera McCarthy en el MIT, sugirió en 1960 utilizar JOHNNIAC a tiempo completo con múltiples estaciones de trabajo. Shaw deseaba resolver los desafíos concernientes a la comunicación y monitorización a pequeña escala.

En marzo de 1961 JOSS fue formalmente propuesto como *una exploración en el continuo e íntimo contacto entre el usuario y el computador*. Este servicio de computación personal ofrecería un lenguaje simple y compatible con las limitaciones del hardware del JOHNNIAC. Restringiendo el alcance de los problemas a esos que eran numéricos y relativamente pequeños. Los diseñadores esperaban aprender en un tiempo razonablemente corto cómo un intercambio informal podría facilitar la relación entre el hombre y la computadora.

El hardware a agregar al JOHNNIAC para ejecutar JOSS consistía en diez consolas (máquinas de escribir) en localizaciones fijas y un sistema de comunicación para mediar entre el computador y las consolas. Shaw diseñó el lenguaje, las consolas y el entorno conversacional. Otros colegas llamados T. O. Ellis y M. R. Davis, se encargaron de la construcción del equipamiento de comunicación multi-máquina de escribir.

En mayo de 1963, el experimento comenzó con cinco consolas cada una era una máquina de escribir IBM modelo 868 y una pequeña caja que indicaba su estado y controlaba las funciones de la electrónica de comunicación de la consola. Una consola fue instalada donde el JOHNNIAC y cuatro en las oficinas del personal de RAND seleccionado para evaluar JOSS.

La primera programación de operaciones fue anunciada el 17 de junio de 1963 de 9 a 12 cada día laboral por la mañana. A partir de ese momento, el número de consolas fue aumentando al igual que su número de usuarios. Sin embargo, a los diseñadores les preocupaba que el fiel pero anticuado hardware de JOHNNIAC perjudicara la evaluación de JOSS. Hicieron hincapié en que una computadora moderna, combinada con numerosas consolas orientadas al usuario, mejoraría considerablemente el carácter interactivo del sistema. La velocidad y el almacenamiento adicionales no sólo aumentarían su capacidad para solucionar problemas, sino que también permitirían al sistema reducir su propio rendimiento. En julio de 1963, anticipándose a la consagración de JHONNIAC en el Museo del Condado, los diseñadores propusieron un nuevo JOSS.

El final de JOHNNIAC se hizo de forma ritual, Shaw desarrolló un programa en el que se hacía la cuenta atrás para la retirada del equipo y Ware escribió un Elogio a JOHNNIAC en modo de revisión de la vida del computador como si de un obituario de tratase hasta el momento de su apagado total.

14.1.1. JOSS fuera de JOHNNIAC

Una vez que JOHNNIAC quedó obsoleto, RAND se embarcó en la misión de encontrar un proveedor para adquirir nuevas computadoras. El proveedor seleccionado fue DEC quien prometió la instalación de una computadora PDP-6 el 31 de octubre de 1965, además de construir 30 consolas acorde a los planes de RAND.

Los diseñadores de JOSS II trabajaron en el software vía una terminal de teletipo en julio de 1965 en remoto y para octubre tenían comprobado el sistema mínimo. En noviembre llegaron los prototipos de consolas de JOSS y en diciembre hubo una conferencia en Las Vegas donde se demostró JOSS de forma remota.

La dirección del grupo de desarrollo para JOSS II corrió a cargo de Charles L. Baker. Joseph W. Smith creó las rutinas centrales de procesamiento, esos programas de lenguaje máquina que interpreta y responde a las peticiones hechas en el lenguaje JOSS. Irwin D. Greenwald programó la aritmética y rutinas de evaluación de funciones, así como los programas que manejan las comunicaciones consola-computador y permite al usuario acceder a los ficheros del disco. G. Edward Bryan diseñó el monitor JOSS, la unidad de supervisión del software, la cual asigna prioridades en las peticiones y estados, reserva recursos y programa tareas. Dentro del monitor se encuentran las rutinas para acumular información contable y registrar las estadísticas de rendimiento.

Cuando el desarrollo estuvo terminado se transfirió su mantenimiento a un grupo reducido que se encargaría de proporcionar información y guía para los usuarios. Esta fase desde agosto de 1967 hasta junio de 1971 constituyó la etapa de experiencia en operaciones de JOSS II.

Existió también un JOSS III desarrollado por IBM, pero como RAND tenía su marca registrada y no estaba muy dispuesta a dejar que otras organizaciones lo usaran fue una versión que no fue empleada ampliamente.

14.1.2. El lenguaje

El lenguaje JOSS estaba pensado para ser escrito línea a línea en la consola a través de la máquina de escribir y recibir el resultado impreso en la propia consola, por lo que podríamos escribir un programa como este:

```
01.01 Type "¿Qué edad tienes?". ①
01.02 Demand A. ②
01.03 Type "Tienes", A.
01.04 Demand H as "¿Cuál es tu altura?". ③
01.05 Type "¿", H, "? ¿Es esa tu altura?". ④
```

① La rutina Type imprime en la consola el texto indicado.

② Demanda espera la escritura en la consola por parte del usuario de un texto para introducir en A.

③ Demandamos un nuevo valor para H e indicamos el texto de la pregunta a imprimir.

④ Imprimimos texto mezclado con el resultado de la variable H.

De esta forma vamos escribiendo un código de tipo *spaghetti* pudiendo saltar a cualquier parte del programa indicando su número.

14.2. BBN

Leo Beranek y Richard Bolt formaron una asociación en 1948 como profesores del [MIT]. Bolt había ganado un encargo para ser consultor acústico para la nueva sede permanente de las Naciones Unidas que se construiría en la ciudad de Nueva York. Al darse cuenta de la magnitud del proyecto en cuestión, Bolt pidió ayuda a su colega del MIT, Beranek, y nació la empresa. La empresa, Bolt y Beranek, comenzó en dos habitaciones alquiladas en el campus del MIT. Robert Newman se unió a la empresa poco después, en 1950, y la empresa se convirtió en Bolt Beranek Newman (BBN).

J.C.R. Lickier fue otra pieza clave que desempeñó el papel de vicepresidente y convenció a los líderes con la promesa de obtener subvenciones federales para la adquisición de un computador. Ken Olsen de la recién creada [DEC] se acercó a [BBN] para que probasen el prototipo de la primera PDP-1. En un mes, BBN completó sus pruebas y recomendaciones para PDP-1. Con esta nueva máquina dos amigos de Lickier del MIT, John McCarthy y Marvin Minsky fueron contratados como consultores.

Figura 29. Bolt, Beranek y Newman

McCarthy no había conseguido convencer a los ingenieros del MIT de construir un sistema de tiempo compartido para computadoras. Sin embargo, con BBN tuvo más éxito dando lugar al Sistema de Tiempo Compartido BBN (*BBN Time-Sharing System*). En 1962, BBN instalaría uno de estos sistemas de tiempo compartido en el Hospital de Massachusetts que les permitió a doctores y enfermeras mantener el historial de los pacientes en el computador y acceder desde las distintas terminales.

En 1964, Cliff Shaw visitó los laboratorios de BBN como parte de una encuesta del NIH que fue inicialmente implementada en el PDP-1 para proporcionar un servicio de tiempo compartido por parte de BBN en el área de Boston y más tarde por parte de Time Sharing Ltd en el Reino Unido. Aprovechando que el creador de JOSS estaba ahí para proporcionar una solución para el PDP-1 y JOSS solo se ejecutaba en ese momento en JOHNNIAC, comenzaron con una adaptación de JOSS y más tarde lo adecuaron a sus necesidades cambiando su nombre a TELCOMP.

Este fue el primer acercamiento de BBN a los lenguajes de programación, pero necesitarían otro para el Hospital de Massachusetts y otras versiones para otros desarrollos en otras empresas. Podemos ver en la Figura 28 cómo fueron proliferando estos lenguajes.

14.3. TELCOMP, ABACUS y STRINGCOMP

> Incluso desarrollamos un lenguaje de programación llamado TELCOMP en esos días, algunos dijeron que era mejor que el lenguaje de programación que la industria adoptó, llamado BASIC.
>
> — Leo Beranek

El lenguaje TELCOMP fue desarrollado a partir de una versión de JOSS implementada inicialmente por parte de Shaw en el PDP-1. La historia del porqué surgió viene a raíz de una planificada visita de Shaw a BBN para el Proyecto del Computador del Hospital. Steve Weiss, Dave Walton y Bob Morgan fueron retados por Jordan Baruch a implementar un intérprete de JOSS para el proyecto y así impresionar a Shaw apostándose una cena con bistec (Lampson, 2011).

Tenían tres semanas para hacerlo antes de la visita de Shaw. Weiss fue el líder en el desafío, pasó muchas noches sin dormir pero lograron lo suficiente para el halago o peloteo previsto para Shaw aunque no recibieron la cena con bistec de parte de Baruch.

El sistema concebido como JOSS-on-a-bet (JOSS en una apuesta) se creó durante el verano de 1964. Tuvo el éxito suficiente para atraer la atención de Bill Fletcher y hacerle crear un sistema a partir de este. Fletcher estuvo trabajando durante un año para convertir ese trabajo inicial en el producto TELCOMP.

Morgan tomó el TELCOMP de Fletcher, eliminó el sistema de tiempo compartido y reutilizó las rutinas en el Proyecto del Hospital para el PDP-1 y presentó una forma simplificada de TELCOMP a Fletcher llamado ABACUS.

Esto derivó en una cadena de modificaciones y creatividad. ABACUS fue tomado como base para otro proyecto que se atribuye a Wally Feurzeig donde agregó cadenas de texto y creó STRCOMP o STRINGCOMP pero ya hablaremos un poco más sobre Feurzeig en el Capítulo 20.

14.4. MUMPS

Mumps significa en inglés paperas y parece irónico que fuese el nombre elegido para el sistema de un Hospital, pero así fue. El Hospital General de Massachusetts [MGH] se unió a este estallido de creatividad y al ver STRINGCOMP les gustó tanto que lo tomaron como base para desarrollar su propio sistema [MUMPS].

Neil Pappalardo, Robert A. Greenes y Curt Marble junto al Doctor Octo Barnett trabajaron en el laboratorio del MGH en Boston entre 1966 y 1967. Estos profesionales de la tecnología se frustraron durante el proyecto de sistemas de información hospitalaria respaldado por los Institutos Nacionales de Salud [NIH] en el MGH debido al uso de un lenguaje ensamblador en un PDP-1 de tiempo compartido. Este sistema fue provisto por BBN.

MUMPS surgió de un proyecto interno por Pappalardo, Greenes y Marble para crear un entorno de desarrollo alternativo. Gracias al contacto con BBN habían podido ver algunos de sus desarrollos como STRINGCOMP y se decidieron a hacer algo similar. Como resultado de la demostración del sistema al NIH, la propuesta del Dr. Barnett para renovar la subvención para el proyecto de computación del hospital se hizo con la adición audaz de incluir la propuesta de que el sistema se construyese en MUMPS. El proyecto fue financiado y comenzó la implementación seria del sistema en MUMPS.

El sistema MUMPS fue implementado en un DEC PDP-7. Barnett y Pappalardo obtuvieron un PDP-9 retrocompatible con el PDP-7 y comenzaron a emplear MUMPS en el ciclo de admisiones e informes del laboratorio de pruebas diagnósticas.

MUMPS fue un lenguaje interpretado que incorporaba una base de datos jerárquica como sistema de ficheros para estandarizar la interacción con los datos y abstracciones en las operaciones de disco.

 El MGH registró la marca comercial de MUMPS en 1971 y la renovó en 1992. En 2003 dejó que expirase probablemente porque el director ejecutivo de InterSystems no le gustaba ese nombre, lo veía un obstáculo para su comercialización y optó por llamar al sistema simplemente M.

A lo largo de las décadas el sistema fue evolucionando junto con cada avance en tecnología llegando a nuestros días sin perder su esencia y su misión original impresa en sus orígenes por sus creadores.

14.5. FOCAL

Aunque JOSS comenzó a estar presente en los computadores DEC, principalmente el PDP-6 y gracias a la potencia del computador y la simplicidad del lenguaje comenzó a ser muy popular en este entorno, había otros usuarios con máquinas no tan potentes como el PDP-5 que querían emplear este lenguaje pero no funcionaba bien.

Richard Merrill que trabajaba en DEC se vio en este problema y quiso satisfacer la demanda de usuarios que querían emplear JOSS en computadores menos potentes. En principio, Merrill se vio obligado a recortar características avanzadas del lenguaje para lograr que JOSS funcionase en estos computadores, pero mantuvo gran parte de la sintaxis y el nombre de las funciones como en JOSS, el último recorte en el lenguaje se produjo para poder ser ejecutado en el PDP-8, un computador diseñado para tener un espacio de memoria más limitado que los anteriores computadores.

Finalmente [FOCAL] fue lanzado en 1968 con una gran aceptación entre los usuarios de computadoras DEC poco potentes. Tal fue el uso de este lenguaje que incluso aparecieron algunos juegos como *Hamurabi* (1968) que fue desarrollado por Doug Dyment, un empleado de DEC o

Lunar Lander (1969) como tributo al aterrizaje sobre la Luna por parte de Jim Storer, un estudiante de instituto o segundo grado.

FOCAL constituyó una influencia para BASIC lo que resultó en su pérdida de fama y posterior extinción. Muchos de los programas y juegos que surgieron en principio para los computadores DEC programados en FOCAL, fueron reescritos y continuaron su existencia empleando el lenguaje BASIC (ver el Capítulo 17).

14.6. CAL en Berkeley

Butler Lampson realizó sus estudios entre Harvard y el MIT. Cuando llegó al MIT los temas más candentes giraban en torno a CTSS y LISP. En 1964 comenzó en Berkeley y pasó un verano en Los Álamos. En el grupo necesitaban un programador y le tocó lidiar con un programa enorme hecho en FORTRAN. Esta fue motivación suficiente para crear un nuevo lenguaje, CAL.

En una entrevista (Yost, 2014) se preguntó a Lampson por CAL y concreta que es diferente a JOSS en el sentido de que JOSS interpreta las órdenes mientras que CAL las compila antes de ejecutarlas. La dinámica es la misma y no queda claro si Lampson conocía JOSS al momento de crear CAL pero dado que asistía a conferencias en San Francisco y otras ciudades cabe pensar que así fue y de ahí la similitud en el lenguaje.

El lenguaje CAL fue incluido en el SDS de Berkeley y aunque no fue muy empleado fue una influencia en algunos dialectos de BASIC.

14.7. La influencia de JOSS

JOSS fue una apuesta concreta en el momento preciso del cambio de un modelo de programación por lotes a programación de tiempo compartido propiciando el acceso conversacional, en línea o interactivo con la máquina permitiendo definir programas y ejecutarlos de forma rápida. Comenzó una línea de hacer más accesibles los sistemas computacionales con un primer acercamiento en el proyecto del

Hospital de Massachusetts y continuó influyendo en otros entornos universitarios y corporativos.

Como tal, JOSS no se perpetuó por estar ligado a la arquitectura concreta de cada computadora cuando se creaba y adaptaba confiriendo como hemos visto diferentes características y nombres y por tanto, aunque no haya trascendido más allá de un par de décadas, su influencia ha llegado mucho más lejos a través de los lenguajes a los que influenció.

Capítulo 15. COWSEL y POP

> Para mi el lenguaje de programación ideal sería una ingeniosa combinación de Pascal, Lisp y Forth con una pizca de Smalltalk y Prolog [...] Mi lenguaje ideal parece existir ya y se llama POP-11.
>
> — Dick Pountain

Robin Popplestone nació en Bristol en 1938 y pasó su infancia en Belfast, su familia se mudó allí tras la Segunda Guerra Mundial. En 1960 se licenció con honores en Matemáticas en la Universidad Queens de Belfast y comenzó un doctorado en la Universidad de Manchester, al principio estaba intrigado con la teoría de categorías de Walter Ledermann pero rápidamente algo llamó su atención.

Popplestone se acercó a uno de los diseñadores de la máquina y le preguntó qué era, el diseñador le respondió: *Es el computador Manchester Atlas y puede hacer cualquier cosa*. Popplestone entonces preguntó si sabía conducir un automóvil (Popplestone, 1999).

Popplestone quedó fascinado y sus pensamientos no salían de la aplicación de la informática para el razonamiento matemático. Comenzó escribiendo en ensamblador para resolver algunos problemas de la teoría de grupos, después hizo un curso de Lógica Matemática y a partir de ese momento se centró en la implementación de la lógica.

Figura 30. Robin Popplestone

15.1. De LISP a COWSEL

En 1964, Popplestone acudió a una Escuela de Verano en Oxford sobre programación no numérica. Christopher Strachey estuvo allí hablando de [CPL] y hubo una exposición de LISP así como una descripción de paquetes de procedimientos de ALGOL.

Hasta el momento, Popplestone había empleado principalmente la pila para el almacenamiento de datos con los problemas derivados de que esta información desapareciera cuando el procedimiento se daba por acabado. En esta escuela de verano conoció el monto (o *heap*), la memoria asignada a cada proceso para albergar variables y que se mantiene a través de las ejecuciones de diferentes procedimientos, gestionándose a través de un recolector de basura.

Tras mudarse de Manchester a Leeds y comenzar en la Universidad de Leeds, topó con un Ferranti Pegasus que tenía una implementación de LISP, pero no muy eficiente. Se propuso cambiar la forma de almacenar las listas de LISP utilizando una notación polaca inversa. Funcionó y aunque en un principio llamó a su modificación LISP, en algún momento comenzó a referirse a esta como COWSEL.

Por lo tanto, [COWSEL] *COntrolled Working SpacE Language* o Lenguaje del Espacio de Trabajo Controlado, fue una modificación de LISP tomando algunas ideas de CPL implementado en 1964 en la Universidad de Leeds. El código era de la siguiente forma:

```
*F    MEM   ①
*L2   X.Y   ②
*W    ③
*D    MEM   ④
Y.ATOM.THEN *Q0 END   ⑤
Y.HD.X.EQUAL.THEN *Q1 END   ⑥
Y.TL -> Y.REPEAT.END   ⑦
```

① Comienza la definición de la función MEM.

② Si tiene 2 parámetros (L es por lambda).

③ No hay más variables locales.

④ Comienza el cuerpo de la definición.

⑤ ¿Lista vacía? retorna 0 (como falso)

⑥ ¿Cabeza de la lista = x? retorna 1 (verdadero).

⑦ Itera (más rápido que la recursividad).

Las letras precedidas por un asterisco (*) son tan solo símbolos que tienen una acción especial en tiempo de compilación. Por ejemplo, *Q es por *quote* o cita, normalmente para referirse a un comentario.

Antes de cumplir el primer año en Leeds la Universidad adquirió un computador KDF9 y cancelaron el acuerdo con Ferranti, por lo que invirtieron todo el esfuerzo en trabajar con este nuevo computador que proveía un sistema de ejecución por lotes.

El problema para Popplestone es que lo suyo no era la ejecución por lotes. Este tipo de ejecución necesitaba que previese la ejecución de sus programas y según él mismo, su mente era demasiado imprecisa como para acertar a escribir de forma correcta un programa a la primera o a la décima vez. Por lo que tras meses de intentar este método, desistió y le rogó al doctor Orde Smithe que le permitiese utilizar el Stantec Zebra del Instituto de Tecnología de Bradford.

Esta máquina le permitía ejecutar directamente instrucciones desde el tambor donde estaba escrito el programa. Por lo que la instrucción de salto no iba a otra posición de memoria sino a otra posición en el tambor. Popplestone por tanto escribía sus programas en COWSEL duplicando su contenido para no perder tiempo en los saltos haciendo que siempre hubiese una copia cerca a la que saltar. Los administradores que veían la cantidad de saltos que realizaba le acusaron de poner en riesgo la cinta del tambor ya que le hacía funcionar a 200 caracteres por segundo cuando normalmente operaba a 100 y era un dispositivo muy ruidoso.

Por este motivo el lenguaje era escrito con la menor cantidad posible de caracteres.

15.2. La vuelta a Edimburgo

Donald Michie fue uno de los criptógrafos que ayudó al ejército británico en las tareas de descifrar mensajes alemanes. Michie mostró una habilidad natural para el tema y fue reclutado en Bletchley Park, trabajó con Alan Turing, Max Newman y Jack Good y cuando la guerra terminó siguió sus estudios en Oxford en el Balliol College hasta 1952.

En 1960 desarrolló el primer programa para jugar al tres en raya de forma perfecta llamado MENACE *Matchbox Educable Noughts And Crosses Engine* o Máquina Educable de Tres en Raya. Pero como no tenía computadores disponibles lo implementó usando aproximadamente 304 cajas de cerillas. Cada caja tenía dentro bolas de colores. La cantidad de un color indicaba la certeza de que jugar el movimiento correspondiente conduciría a una victoria. El programa se entrenó jugando cientos de juegos y actualizando las cantidades de bolas en cada caja de cerillas según el resultado de cada juego.

Figura 31. Donald Michie

En 1965, fundó la Unidad de Programación Experimental en la Universidad de Edimburgo. Michie tuvo la idea de replicar lo que había visto del Proyecto [MAC] para su unidad y creó el proyecto *Minimac*. No obstante este proyecto fracasó debido al Elliot y una falla con sus discos que no permitían realizar lo diseñado para el proyecto. Volveremos a este problema más adelante.

En este mismo año Michie fue a dar una charla a Leeds. En esa época, Michie también realizaba una encuesta sobre la informática no numérica e invitó a Popplestone a dar una charla en Edimburgo.

A la llegada a Edimburgo en una locomotora de vapor, la diesel que estaba en circulación en esos años falló en Newcastle y tuvo que ser reemplazada, al bajar del tren le pareció como asomarse a un acantilado con esos imponentes edificios altos en el horizonte de la ciudad.

Una vez en la Unidad de Programación de Michie descubrieron que su invitación estaba mal y se presentó con una semana de antelación, sin embargo, no fue un problema, fueron hospitalarios y fue presentado a todo el grupo de entre los que podemos mencionar a Rod Burstall, Jim Doran, Margaret Pithie, Jean Hayes y Roger Chambers.

Burstall le expresó a Popplestone durante esa primera semana las rogativas a Michie para que este se uniera a su grupo. Popplestone también se alegró porque no tenía mucho éxito como profesor asistente de Matemáticas en Leeds.

La vuelta a Edimburgo desde Leeds la realizó mediante una embarcación que él mismo construyó. El problema fue que en cierto punto del camino el agua se agitó y su embarcación quedó en muy mal estado. Un barco pesquero lo rescató pero al intentar remolcar su pequeña embarcación se destruyó y muchos de sus bienes quedaron también sumergidos sin posibilidad de ser recuperados, al igual que un doctorado casi completo que quedó flotando en el agua en el Mar del Norte. Podemos decir que ambos viajes de Leeds a Edimburgo fueron aparatosos y llenos de contratiempos para Popplestone.

La Unidad de Programación Experimental donde comenzó a trabajar había obtenido fondos para comprar un computador propio y optaron por adquirir un Elliot 4120, sin embargo, aún no estaba disponible por lo que los primeros programas fueron realizados en un Elliot 803.

En la Unidad se optó por usar ALGOL 60 como lenguaje y durante ese período inicial Popplestone trabajó en teoría de grupos. No obstante, en cierto momento montó una pequeña rebelión para poder continuar su trabajo en COWSEL una vez llegó el Elliot 4120 a principios de 1966. El problema era que se había instaurado una doctrina, una creencia unánime que les decía que ALGOL 60 era el mejor lenguaje en el que trabajar, muchos habían escrito procedimientos en ALGOL para procesamiento de listas y por lo tanto se le hizo difícil convencerlos del cambio.

El punto clave fue el recolector de basura. ALGOL no era posible ser extendido para tener su recolector de basura y la forma en la que se gestionaban los punteros no hacía posible implementar ningún algoritmo de forma segura. Con este argumento como respaldo hizo una pequeña implementación clandestina de COWSEL.

La nueva máquina hacía que el progreso fuese rápido y gracias a estos avances consiguió atraer el interés de Burstall y éste organizó una demostración para Michie. La demostración fue una prueba en verdad donde Michie le pidió a Popplestone que implementase un procedimiento en línea y ante la facilidad con la que lo realizó atrajo inmediatamente la atención y entusiasmo de Michie por el lenguaje pero expresó que COWSEL no le parecía un buen nombre. Le parecía aburrido y en verdad, no tiene nada que ver con las vacas.

También sugirió algunos cambios en las palabras reservadas, en particular EXIT en lugar de END, aunque END se siguió empleando para indicar el fin de la definición de una función.

En principio, Popplestone se resistió a cambiar el nombre del lenguaje, pero todo el grupo consideraba que había que hacerlo. El grupo aprovechó unas vacaciones de Popplestone para a la vuelta mostrarle el nuevo nombre: [POP].

15.3. POP-2, ¿el primer lenguaje funcional?

Burstall inmediatamente se puso a trabajar en el lenguaje y tuvo algunas ideas para implementar, como por ejemplo las macros. El grupo de Oxford de Strachey estaba utilizando un lenguaje de macros textual como parte de la implementación de CPL, sin embargo, Burstall sugirió emplear macros basadas en elementos, es decir, sería como una función que se ejecutaría tan pronto como el descriptor encontrase su nombre. Esta macro podría leer los elementos siguientes en el flujo de entrada por lo que podría producir resultados en una variable de lista global llamada INSTREAM y el compilador tomaría los datos de esta variable en caso de no encontrar la lista vacía.

Utilizando esta capacidad de macros pudo insertar un analizador de sintaxis en POP-1.

En 1966 y dado que la recolección de basura actuaba solo sobre las listas, Burstall y Popplestone decidieron rediseñar el lenguaje desde cero. Burstall encarnó el rol de teórico y Popplestone se asignó el rol de implementador.

Agregaron matrices y números de coma flotante por si hacían cosas de robótica, un recolector de basura que pudiese manejar elementos de varias palabras incluyendo cuerpo de funciones. El diseño del Elliot 4120 era muy avanzado, fue diseñado por Hoare y tras tomarse el tiempo de estudiar en detenimiento sus especificaciones optimizaron mucho más la forma de construir sus programas.

La influencia de CPL inicial se fue diluyendo a medida que sus ideas hacia la programación funcional se asentaban más y más gracias a la influencia de Peter Landin y su familia de lenguajes ISWIM (ver el Capítulo 18). Este enfoque les llevó a querer crear funciones de forma dinámica.

Como dijimos en la sección anterior, Michie había iniciado el proyecto *Minimac* pero no tuvo éxito debido a un problema de implementación en el computador utilizado. Popplestone ofreció una alternativa: proporcionar un sistema de tiempo compartido basado en POP-2. Los usuarios podrían aprovechar el almacén principal de Elliot 4120 que podría ampliarse gastando el dinero que no se pudo destinar a los discos.

La propuesta parecía viable y se migró el código del proyecto Minimac. Por parte de POP, el problema venía de determinar cómo convertir POP en un lenguaje multi-proceso. El problema se resolvió de manera muy ad hoc. A cada usuario se le daría un espacio de pila y el cambio de usuario consistiría en cambiar los punteros de la pila. Las variables del usuario no planteaban ningún problema, ya que estaban separadas de cualquier otro aunque no había una capacidad de multi-proceso general.

A este sistema junto con la construcción de una serie de instrucciones especiales creadas para utilizar la capacidad de códigos extra del computador se le llamó MultiPOP, aunque esto fue más en el terreno de la década de 1970.

Respondiendo a la pregunta que abre esta sección y aunque algunos sitios web encumbran a POP-2 como el primer lenguaje funcional, Popplestone menciona (Popplestone, 1999) que Burstall y él implementaron POP-2 con ideas traídas de Landin y su familia de lenguajes. Podemos responder negativamente ante la concepción del lenguaje como primer lenguaje funcional.

15.4. El lenguaje

Aunque el lenguaje se basa en ALGOL, además de otros, la asignación no se realiza como en ALGOL, en su lugar se emplea el símbolo de la flecha y se asigna de izquierda a derecha:

```
3 -> a;
```

El motivo es porque el lenguaje se basa en la noción del operador de pila y por lo tanto la operación se divide en 2 partes siendo la primera el valor y la otra parte la combinación de la operación de asignación y dónde se asigna.

De forma similar, las llamadas a funciones pueden ser escritas de la siguiente forma:

```
(x, y, z).f;
```

Siendo la función f quien recibe tres parámetros x, y y z. Las expresiones retornan un valor y por tanto se puede construir un condicional donde según un valor evaluado sea verdadero o falso se asigne a una variable un valor diferente:

```
if a > b then
        c
    else
        d
    close -> e;
```

Siguiendo el documento escrito por Burstall, Popplestone y Collins (Berner, 1971) podemos ver un código completo a continuación:

```
comment
function tax i;
    if i =< 150 then 0
  elseif i =< 400 then (i - 150) / 10
  elseif i =< 600 then 25 + (i - 400) / 4
            else 75 + (i - 600) / 3
    close
end;
```

Este código es una función bastante simple para calcular el impuesto relativo a un valor dado como parámetro. Es curioso también la forma en la que comienza a formatearse el código para obtener una mejor legibilidad.

15.5. Hacia POP-11 y Poplog

Durante la década de 1970 la Universidad de Sussex y la Universidad de Birmingham tomaron el relevo del desarrollo de POP-2 creando el lenguaje que llegaría a nuestros días como POP-11. Este lenguaje como evolución de POP-2 es utilizado principalmente en el campo de la investigación y enseñanza de la inteligencia artificial e introducir las técnicas de programación simbólica a programadores de lenguajes más convencionales como Pascal que pueden encontrar la sintaxis de POP más amigable que la de LISP.

POP-11 es el lenguaje base del sistema Poplog, puedes echarles un vistazo en su página: www.cs.bham.ac.uk/research/projects/poplog/poplog.info.html

Capítulo 16. PL/I

> Los programadores de verdad no escriben en PL/I. PL/I es para programadores que no pueden decidir si escribir COBOL o FORTRAN.

— Tom van Vleck

A principios de la década de 1960 las aplicaciones de computador, programadores y los computadores estaban claramente divididos en científicos, comerciales y de propósito específico.

Había computadores como el IBM 7090 e IBM 1620 dedicados específicamente a aplicaciones científicas empleando principalmente el lenguaje de programación FORTRAN y un grupo de usuarios dedicado a dar soporte a estos, [SHARE]. Era común encontrar características propias de los computadores científicos como el uso de la aritmética de coma flotante, listas, subrutinas, computación rápida y procesamiento por lotes.

De forma similar, había también computadores destinados a labores comerciales y ejecutar aplicaciones comerciales en equipos como el IBM 7080 y el IBM 1401 empleando principalmente el lenguaje COBOL y un grupo de usuarios para ayudar con las instalaciones y otros menesteres conocido como [GUIDE]. Los computadores comerciales disponían de características más enfocadas a la manipulación de cadenas de texto y entrada/salida asíncronas y más rápidas además de producir objetos compilados más eficientes en el uso de los recursos.

Por último, los computadores dedicados al campo de propósito específico como el IBM 7750 y el Harvest empleaban principalmente el lenguaje de programación JOVIAL. Las características demandadas por los computadores de propósito específico estaban más en la línea de proporcionar un mayor tamaño de variables, aritmética binaria en cadenas, macros, concordancia, manejadores de listas y una rápida respuesta para el tiempo real.

El problema fue que esta elegante separación no era una caracterización realista. El estereotipo de un programador científico que está dispuesto a esperar dos horas para obtener la respuesta en su consola dio paso al profesional que quería un informe preparado y en un formato elegante y legible. Los ficheros que los científicos procesaban eran voluminosos como los de las instalaciones de computadores comerciales y requerían de las mismas prestaciones. Los comerciales también hacían regresiones lineales y análisis factoriales de datos del mercado. Necesitaban coma flotante y vectores.

Algo debía cambiar.

16.1. ¿FORTRAN V o FORTRAN VI?

A mediados de la década de 1960 surgió una nueva arquitectura que intentaba mantener para todos los computadores creados dentro de la misma línea la misma compatibilidad. Este computador llamado System/360 ha sido mencionado varias veces a lo largo del libro, el System/360 fue diseñado para intentar cumplir las necesidades de los tres tipos de clientes de que disponía IBM y así mantener una línea de productos única que pudiera satisfacer a todos.

Pero además de una arquitectura uniforme para sus computadores, IBM quería un lenguaje único para ellas.

El ánimo de IBM se centraba en extender FORTRAN para incluir características que agradasen a los programadores comerciales. En octubre de 1963, un comité formado tres miembros de [SHARE]:

- Hans Berg de Lockheed, Burbank, quien había adquirido experiencia entrenando programadores y con los problemas de ejecutar una instalación de computación.

- Jim Cox, de Union Carbide, que tenía experiencia con FORTRAN y ensamblador y también usando el lenguaje de negocio de IBM COMTRAN.

- Bruce Rosenblatt, de Standar Oil de California, que además de tener experiencia en la programación e instalación, tenía mejor entendimiento de las expectativas de SHARE para el comité, por lo que presidía la comitiva por parte de SHARE.

Además, tres miembros de IBM:

- C. W. Medlock, un experto en compilación en FORTRAN que había desarrollado algoritmos de optimización de bucles.

- Bernice Weitzenhoffer, quien tenía amplia experiencia tanto en FORTRAN como en COBOL.

- George Radin, como líder del proyecto de IBM con un bagaje principalmente en programación científica y teoría de los lenguajes de programación.

Las reuniones se mantuvieron durante algunas semanas en tandas de 4 días seguidos (fines de semana largos), a veces en Nueva York y otras veces en Los Ángeles, normalmente en suites de hotel. La tarea se llevó a cabo presentando inicialmente el proyecto de IBM System/360 y su sistema operativo OS/360 a los componentes de SHARE con su correspondiente acuerdo de confidencialidad.

El proyecto en principio se llamó FORTRAN VI porque al estar tantas personas involucradas relacionadas con FORTRAN parecía lógico. La propuesta de Rochester dejó claro que una compatibilidad entre FORTRAN y esta nueva versión no sería posible (Radin, 1978):

> FORTRAN VI no pretende ser compatible con ningún FORTRAN IV conocido. Incluye las capacidades funcionales de FORTRAN IV, así como aquellas capacidades normalmente asociadas con lenguajes "comerciales" y "algorítmicos". Para poder abarcar estas capacidades en un lenguaje utilizable y práctico, se ha encontrado prácticamente imposible, y ciertamente indeseable, mantener FORTRAN IV como un subconjunto compatible.

Rochester añadió para la propuesta:

> La compatibilidad con FORTRAN IV impediría tener un lenguaje simple, elegante y optimizado porque el propio FORTRAN IV está muy cargado de curiosas restricciones y complejidades que se han acumulado durante la larga historia de adiciones que mantuvieron una compatibilidad aproximada con versiones anteriores.

Finalmente, un informe de la reunión mantenida en Los Ángeles el 11 de febrero de 1963 donde los expertos de lenguajes de IBM discutieron el futuro de FORTRAN comenzaba con:

> El propósito de la reunión fue decidir si debería haber un FORTRAN V o si deberíamos pasar directamente a FORTRAN VI. F5 se definió como una extensión compatible de F4 para proporcionar capacidad de manejo de campos y caracteres, lo que lo hace adecuado para el "procesamiento de información" a diferencia de las aplicaciones puramente científicas o comerciales. F6 se definió como un nuevo lenguaje, incompatible con los FORTRAN existentes con una sintaxis simplificada diseñada en parte para facilitar la compilación, adecuado para el "procesamiento de información" científica y aplicaciones comerciales, y abierto con respecto a aplicaciones en tiempo real, control y otras.

Después de varias semanas de investigación, el comité decidió abandonar la idea de realizar una extensión para FORTRAN IV y comenzar la definición de un nuevo lenguaje desde cero.

Doug McIlroy da crédito (o culpa) a Radin de ser el responsable de esta decisión. De hecho, Radin aceptó que fue el responsable de persuadir a todos en IBM para aceptar esta decisión mostrando muchas objeciones con respecto a FORTRAN cuando salía el tema.

16.2. Un nuevo lenguaje para todos

Los motivos para abandonar completamente la sintaxis de FORTRAN estuvieron en que los bloques de ALGOL se hacían mucho más fáciles de entender y eran más legibles para los programadores. Al introducir más cambios con respecto a las funcionalidades de los lenguajes comerciales se hacía obvio que mantener la sintaxis de FORTRAN sería complicada y no se podía perjudicar a los programadores comerciales solo por intentar hacer más fácil el cambio de los programadores científicos al nuevo lenguaje. No sería justo.

Así que como el lenguaje sería completamente diferente sería extraño nombrarlo FORTRAN VI, necesitaban un nuevo nombre. El nombre APL ya había sido tomado. [MPPL] fue considerado pero les gustó más el acrónimo NPL porque sugería tanto *New Programming Language* o Nuevo Lenguaje de Programación y a la vez *New Product Line* o Nueva Línea de Producto.

La primera definición apareció en abril de 1964, esta definición llamada NPL estaba incompleta en alcance y detalles. GUIDE involucró en la revisión a Bob Sheppard de Proctor and Gamble y SHARE involucró a Doug McIlroy de los Laboratorios Bell. En junio de 1964 se produjo la segunda versión del informe. A esta revisión le debemos el punto y coma final de las sentencias que se perpetuó en lenguajes posteriores.

En este momento IBM decidió que el trabajo debía llevarse del Centro de Programación de Nueva York al Laboratorio Hursley de Reino Unido. Debido a que en Reino Unido las siglas NPL estaba en uso por el Laboratorio de Física Nacional de Inglaterra, decidieron cambiar el nombre del lenguaje a PL/I (I como número romano).

El nombre hace alusión a ser el *Lenguaje de Programación Uno*, o Primero o Único, depende cómo traduzcamos ese I, no obstante, se aprecia la clara intención de posicionar al lenguaje en un puesto alto.

También se barajó la idea de nombrar al lenguaje PL/360 pero eso habría hecho pensar que el lenguaje sería exclusivamente de

System/360 y querían que el lenguaje fuese independiente del sistema.

El primer documento emitido desde el Laboratorio Hursley incluye algunas mejoras al lenguaje como el bloque IF···THEN···ELSE. Las sugerencias y mejoras llegaron hasta noviembre de 1964 que fue el plazo marcado para comenzar a implementar un compilador. Aunque hubo una nueva revisión del lenguaje en abril de 1964 debido a la crítica intensa generada por los primeros informes del Laboratorio de Viena escritos por Kurt Bandat, Viktor Kudielka, Peter Lucas y Kurt Walk.

La revisión mostraba errores sintácticos, ambigüedades, problemas generales y hacía algunas recomendaciones muchas de las cuales fueron aceptadas.

También se hizo una prueba tomando 22 programas representativos escritos en diferentes lenguajes de programación (6 en FORTRAN, 5 en COBOL, 5 en ALGOL y 6 en JOVIAL). La idea era programar todos estos códigos en NPL y comparar el código producido con el original en el otro lenguaje. Del grupo entrevistado, los programadores de ALGOL encontraron el lenguaje como muy similar a ALGOL y fácil de aprender. Por otro lado, los programadores de FORTRAN sugirieron algunas modificaciones y algunos, como un profesor de Universidad, se preocupó por el tiempo de compilación.

 A Fred Brooks se le atribuye asegurarse de que PL/I tuviese un tipo de dato CHARACTER.

El primer manual en detalle fue titulado *PL/I Language Specifications. C28-6571* escrito (*PL/I: Language Specifications,* 1965) en Nueva York, seguido por el documento del mismo nombre con código *GY33-6003* de Hursley en 1967. Estos manuales fueron empleados por el grupo de Multics y otros implementadores tempranos.

El primer compilador se completó en 1966 pero el estándar para PL/I no sería aprobado hasta 1976.

16.3. Los problemas de PL/I

Aunque es un hecho no probado, debido a los tiempos de entrega ajustados y a lo complejo de la tarea, el sistema operativo OS/360 fue lanzado sin incluir PL/I desde sus inicios y por tanto hay quien asume la victoria de COBOL sobre PL/I por haber sido lanzado antes.

También la dificultad para analizar el código y que no haya palabras clave reservadas hace que la escritura de variables sea conflictiva de un modo difícil de detectar.

Por otro lado, los programadores acostumbrados a FORTRAN o COBOL se fueron moviendo lentamente al lenguaje debido a la complejidad percibida y la inmadurez del compilador. También existía el problema de que los programadores de FORTRAN y los de COBOL estaban divididos en dos grupos formados por los programadores científicos y comerciales respectivamente. Ambas partes mantenían una significativa tensión entre ellos. Por lo tanto, si un programador de FORTRAN notaba sintaxis COBOL en PL/I le daba la sensación de estar ante un lenguaje comercial, mientras que si un programador de COBOL notaba sintaxis FORTRAN tenía la sensación de estar ante un lenguaje científico y lo rechazaban.

Otro problema fueron las similitudes falsas entre COBOL, ALGOL y FORTRAN. Estos eran elementos que parecían similares a uno de estos lenguajes pero funcionaban de forma diferente en PL/I. Tales frustraciones dejaron a muchos programadores experimentados con una visión crítica de PL/I y, a menudo, con una aversión activa por el lenguaje.

Una de las galletas de la fortuna de UNIX contenía la siguiente frase:

> Hablando como alguien que ha profundizado en las complejidades de PL/I, estoy seguro de que sólo los Hombres de Verdad podrían haber escrito un monstruo que acapara todas las máquinas, captura todos los ciclos y abarca todo. ¿Asignar una matriz y

liberar el tercio medio? ¡Por supuesto! ¿Por qué no? ¿Multiplicar una cadena de caracteres por una cadena de bits y asignar el resultado a un decimal flotante? ¡Adelante! ¿Liberar un parámetro de procedimiento de variable controlada y reasignarlo antes de devolverlo? ¿Superponer tres tipos diferentes de variables en la misma ubicación de memoria? ¡Lo que digas! ¿Escribir una macro recursiva? Bueno, no, pero los Hombres de Verdad usan *rescan*. ¿Cómo podría un lenguaje tan obviamente diseñado y escrito por Hombres de Verdad no estar destinado al uso de Hombres de Verdad?

16.4. Early PL/I o EPL

Multics es otro de los temas recurrentes de este libro como habrás podido apreciar, en este caso porque acogió una de las implementaciones de PL/I. La implementación de muchos sistemas operativos se había hecho en lenguaje ensamblador como el caso de [CTSS] pero en el caso de Multics tenían claro que querían emplear un lenguaje de alto nivel desde el principio, ¿pero cuál?

Según recuerda Doug McIlroy, hubo una reunión en el [MIT] a mediados de la década de 1960. En esta reunión, uno de los temas principales era la elección de este lenguaje de alto nivel. En Burroughs abogaban por el uso de ALGOL ya que para el B5000 había implementado un dialecto de este mismo lenguaje. No obstante, buscaban especificaciones completas que tuviesen todo lo necesario a implementar para desarrollar el sistema.

Uno de los lenguajes puesto sobre la mesa fue [MAD] (ver el Capítulo 4). Este lenguaje fue traído por Robert Graham desde Michigan pero requería de la realización de algunas modificaciones para cubrir las necesidades y como no había nadie dispuesto a realizarlas se descartó.

Douglas T. Ross parecía muy abierto a realizar muchas modificaciones y argumentaba que su lenguaje [AED-0] (ver el Capítulo 3) podía hacer cualquier cosa, aunque como recuerdan McIlroy y Van Vleck no había forma de distinguir entre lo disponible en el presente y sus sueños futuros.

PL/I parecía la única especificación que cubría todas las necesidades pero tenía el inconveniente de ser enorme. McIlroy nunca había implementado un compilador tan gran y decidió trabajar antes en un subconjunto de PL/I llamado EPL o *Early PL/I*.

La cuestión de los derechos de propiedad de IBM nunca fue mencionada. El único problema era el compilador. La tarea recayó en McIlroy. Habiendo hecho compiladores a nivel de laboratorio se dio cuenta de la envergadura del trabajo a realizar y supo que debía contactar con expertos.

Había dos posibles puertas a las que llamar, por un lado Computer Associates en Massachusetts que habían creado compiladores fabulosos y por otro lado Digitek en California que habían industrializado compiladores de FORTRAN. Aunque McIlroy conocía bien a Computer Associates, había sido testigo de algunas prácticas contractuales dudosas por parte de esta compañía así que probó suerte con Digitek.

A Digitek le encantó la idea de entrar a desarrollar un lenguaje de IBM que pudiese desplazar a FORTRAN y propusieron un precio razonable. Ellos hicieron lo típico de ofrecer gente experta durante la reunión de venta y después traer gente nueva para hacer el trabajo, en este caso una única persona que no tenía muchos más conocimientos que McIlroy. Un año después, echaron un vistazo al código producido y llegaron a la convicción que no llegarían a ningún lado.

Donald Wagner tomó un vuelo junto con Robert Graham hacia Los Ángeles para echar un vistazo a qué estaba haciendo Digitek. De inmediato vieron que Digitek no iba a cumplir y se lo reportaron a Corby. Corby les dijo que mantuviesen sus hallazgos en secreto y tan pronto como regresaron, Art Evans preguntó a Wagner, *¿Estamos ganando o perdiendo?* y como no sabía qué responder simplemente le dijo *Depende de lo que entiendas por ganar y perder*, a lo que Evans respondió *estamos perdiendo*.

Wagner supo más tarde que antes de aterrizar en Los Ángeles, Digitek había publicado un anuncio en Datamation con las palabras en grande *Aquí* y *Ahora*. Parece que Digitek había entregado un compilador de PL/I a los Laboratorios Bell. Graham y Wagner pusieron en grande en su pizarra compartida *¿Dónde? ¿Cómo?*

Finalmente, aplicaron la clausula de penalización del contrato y propició que Digitek quebrase por lo que finalmente no obtuvieron nada. Pero Wagner recuerda que se hizo simplemente porque alguien estaba muy enfadado.

Antes de todo el capítulo de Digitek, Robert Morris se acercó a McIlroy y le propuso hacer en unos meses lo que debería haber hecho Digitek y que se suponía que estaba haciendo en ese momento. Casi de la noche a la mañana, Morris produjo gran parte del compilador, McIlroy siguió con otra gran parte y siguieron llenando huecos aquí y allá durante un par de meses con la ayuda de Dick Wexelblat y Dolores Leagus.

La versión de EPL estuvo lista para verano de 1966 justo cuando Morris se fue a hacer un curso a Berkeley tomándose un año sabático, por lo que el mantenimiento quedó en manos de McIlroy. Todo fue bastante complicado al principio y llevó al uso de muchas herramientas como [TMG] de Robert McClure y acciones de transliterar el código a distintos códigos de ensamblador, pero los pioneros lo empezaron a usar muy pronto.

McIlroy confiesa que cuando comenzaron no sabían el resultado que iban a obtener y el lenguaje intermedio que desarrollaron previo a la transpilación a lenguaje ensamblador resultó no funcionar bien con las operaciones de cadena así que tuvieron que rehacerlo. No obstante, admite que si hubiesen diseñado todo perfectamente desde el principio jamás habrían incluido el paso intermedio, lo cual habría sido nefasto porque les ahorró muchos dolores de cabeza.

McIlroy no tiene constancia de los padecimientos que sufrirían los usuarios de EPL porque tuvieron los sistemas y usaron el lenguaje durante poco tiempo pero ciertamente, supo que no estaban satisfechos con el rendimiento. Cualquier otra queja surgida pudo deberse a que fue utilizado por una gran comunidad de usuarios y a personas que tuvieron que mantenerlo sin tener conocimiento previo de cómo estaba construido. Pero McIlroy asume que si hubiesen esperado a Digitek en lugar de trabajar en EPL seguramente Multics habría muerto.

16.5. De EPL a PL/I

El compilador EPL era definitivamente una herramienta provisional y General Electric había prometido desde el principio construir un compilador *real* para reemplazarlo que se ajustara a la especificación del lenguaje de IBM. El [CISL] *Cambridge Information Systems Laboratory* o Laboratorio de Sistemas de Información de Cambridge inició su trabajo en esta tarea tan pronto como fue creado, sus miembros: Axel Kvilekval, Bob Freiburghouse, Jim Mills, Gabriel Chang, Peter Belmont y Barry Wolman.

El compilador fue lanzado a principios de 1969. El grupo de desarrollo pasó gran parte del inicio de este año convirtiendo programas de Multics de EPL a la primera versión de PL/I. Estos cambios mejoraron el rendimiento del sistema de forma significativa y eliminaron código vulnerable y propenso a fallos.

El grupo siguió trabajando en la siguiente versión del lenguaje y el lenguaje siguió progresando y popularizándose a lo largo de las siguientes décadas, aunque a uno de los miembros del equipo formado por Bell, GE y el MIT no le gustó el lenguaje y decidió abandonar el proyecto y comenzar un nuevo proyecto con un nuevo sistema operativo y un nuevo lenguaje, pero eso lo veremos en el Capítulo 23.

De hecho, el enfoque de PL/I no tuvo el éxito que sus creadores esperaban, al igual que otros lenguajes como COBOL aún sigue siendo empleado en sistemas *mainframe* y los pocos intentos de IBM por resucitar el lenguaje no han tenido éxito.

16.6. El lenguaje

Antes de terminar el capítulo, veamos un poco la sintaxis de este lenguaje. Pongamos un código de ejemplo para analizarlo:

```
FACT: PROC;
DCL I FIXED, PRINT ENTRY, F ENTRY RETURNS(FIXED),
N INT;
DO I = 1 TO 10;
CALL PRINT("Factorial for ", I, " is ", F(I));
END;
F: PROC (N) FIXED;
DCL N FIXED;
IF N = 0 THEN RETURN(1);
RETURN(N*F(N-1));
END F;
END FACT;
```

Podemos ver la creación de un procedimiento (PROC) llamado FACT y otro llamado F. El procedimiento principal define algunas variables (DCL) como son I como un número de coma fija y F como una función que retornará un dato numérico de coma fija, por último define también N como un número entero.

El bucle inicial nos imprime un texto en el que se intercala el iterador y la llamada a la función F. Por último, tras el bucle se define la función del factorial de forma recursiva.

Como es lógico, no hemos visto funciones o mandatos para el manejo de vectores ni cadenas de texto, pero este ejemplo puede darnos una idea de la forma en la que se realizaba la tarea de programación.

Capítulo 17. BASIC

> BASIC no sólo es fácil de usar y aprender, sino que también es lo suficientemente potente como para abordar tareas de programación serias.
>
> — Bill Gates

En la década de 1960, Dartmouth College desempeñó un papel crucial en el desarrollo de la informática y la popularización de la programación. Todo comenzó con John George Kemeny. Al igual que John von Neumann, Kemeny guarda relación en sus orígenes en una familia judía de Budapest, Hungría. Pero a diferencia de von Neumann, el padre de Kemeny marchó en 1938 a Estados Unidos y en 1940 se llevó a toda su familia.

Su familia se instaló en Nueva York donde asistió al Instituto George Washington y se graduó tres años después con los mejores resultados de su clase. En 1943 ingresó en la Universidad de Princeton donde estudió matemáticas y filosofía, pero se tomó un año sabático durante sus estudios para trabajar en el Proyecto Manhattan, en el Laboratorio Nacional de Los Álamos donde su jefe fue Richard Feynman. También tuvo la oportunidad de trabajar con John von Neumann.

A su vuelta se licenció en Matemáticas en 1946 tras realizar una tesis titulada *Sistemas lógicos equivalentes* bajo la supervisión de Alonzo Church y continuó sus estudios de postgrado en Princeton como asistente matemático de Albert Einstein. Finalmente, obtuvo su doctorado en matemáticas en 1949 tras completar su tesis doctoral titulada *Teoría de tipos frente a teoría de conjuntos* también bajo la supervisión de Alonzo Church.

Kemeny entonces tomó su camino y aceptó una plaza como profesor titular en el Departamento de Matemáticas de la Universidad de Dartmouth en 1953 a la edad de 27 años. Dos años más tarde dirigía el departamento.

Su interés por la computación vino desde que participó en el Proyecto Manhattan y después durante su proceso de estudios en Princeton, rodeado de los principales actores en el mundo de la computación. Una vez dedicado a la docencia, además de elaborar distintas formas de enseñar las matemáticas comenzó a ver en la computación una forma de enseñar a sus alumnos y junto a Thomas E. Kurtz comenzaron a indagar en sus posibilidades.

Thomas E. Kurtz tuvo su primer contacto con la informática en un curso de verano en la Universidad de Los Ángeles (UCLA). Kurtz se graduó en la Universidad de Princeton en 1956 y entró en ese mismo año en el Departamento de Matemáticas de Dartmouth.

17.1. Primeros lenguajes en Dartmouth

El MIT permitía al Dartmouth College el uso de algunos de sus computadores y Kemeny tuvo acceso al IBM 704. Ese año, Kemeny escribió el lenguaje DARSIMCO, una versión de ensamblador que simplificaba la programación de operaciones matemáticas. Kurtz le ayudó una vez se incorporó a mantener y extender este lenguaje que estuvo en desarrollo desde 1953 a 1957, momento en el que instalaron a la máquina un FORTRAN.

DARSIMCO fue olvidado. Aunque FORTRAN les daría una lección muy importante. Kurtz había sido adoctrinado en la idea de que FORTRAN era lento, pasó varios meses escribiendo un programa en ensamblador en el IBM 704 que había requerido aproximadamente una hora de tiempo de CPU para ser depurado y aún no estaba listo. Dándose por vencido, lo reescribió en FORTRAN y lo puso en funcionamiento en cinco minutos. La lección fue que los lenguajes de alto nivel podían ahorrar tiempo, independientemente de su desempeño medido.

En 1959, la escuela recibió su primera computadora, los profesores Kemeny y Kurtz compraron un computador Royal McBee LGP-30 el cual era programado por estudiantes en lenguaje ensamblador.

Figura 32. John Kemeny y Thomas Kurtz

Un estudiante escribió un lenguaje inspirado en FORTRAN llamado DART para la máquina lo que motivo a Kurtz para tomar a cuatro estudiantes e implementar la especificación de ALGOL 58 y después ALGOL 60 como base para implementar su compilador Dartmouth ALGOL 30, por estar programada para el LGP-30.

Dos de los estudiantes, Stephen Garland y Anthony Knapp continuaron evolucionando el compilador y crearon [SCALP] *Self Contained ALgol Processor* o Procesador ALGOL Autocontenido entre 1962 y 1964.

17.2. DTSS

Al principio, el problema de crear programas no residía en la complejidad, sino en todo el concepto del procesamiento por lotes. Si un estudiante envía su programa y es ejecutado a lo largo del día y recibe un error como respuesta, le obliga a revisar qué pudo estar mal y enviar de nuevo la solicitud de ejecución teniendo que volver a esperar. Algunas veces, los estudiantes cesaban en su empeño de escribir programas porque ya olvidaban qué problema querían resolver o lo resolvieron por otros medios.

Kurtz entonces se acercó a Kemeny y le hizo la siguiente propuesta: todos los estudiantes de Dartmouth tendrían acceso a la computación, debería ser gratuita y de libre acceso y esto podría lograrse mediante la creación de un sistema de tiempo compartido que Kurtz había aprendido de su colega John McCarthy en el MIT.

En 1962, Kemeny y Kurtz presentaron una propuesta para el desarrollo de un nuevo sistema de tiempo compartido a la [NSF] *National Science Foundation* o Fundación Nacional de Ciencias. Tenían suficientes garantías de que tanto Dartmouth como la NSF apoyarían el sistema por lo que firmaron un contrato con General Electric para adquirir un sistema GE-225 emparejado con un procesador de comunicaciones DATANET-30. Este enfoque de dos procesadores era poco ortodoxo y General Electric intentó disuadirlos de no hacerlo, pero su idea era que el DATANET-30 sirviese la interfaz de usuario, mientras los programas se ejecutaban en el GE-225.

En 1963 comenzó su implementación por un grupo de estudiantes bajo la dirección de Kemeny y Kurtz con el objetivo de proporcionar un acceso fácil a las instalaciones informáticas para todos los miembros de la universidad. Las computadoras llegaron en febrero de 1964, John McGeachie y Michael Busch, estudiantes, se encargaron de escribir los sistemas operativos para ambas computadoras.

17.3. Facilitar la informática

El lenguaje SCALP evolucionó como un compilador de un solo paso listo para ejecutar el programa compilado tan pronto como la cinta perforadora terminara de leer en la fuente. Inmediatamente aparecerían los resultados del programa o cualquier mensaje de error. Este estilo de operación era conocido como *compile-and-go* (compilar y listo).

Por otra parte, Kemeny y un estudiante de primer año llamado Sidney Marshall colaboraron para crear [DOPE] *Dartmouth Oversimplified Programming Experiment* o Experimento de Programación Sobre-simplificado de Dartmouth. El cual fue usado en grandes cursos de primer año.

Líneas como las siguientes (Kurtz, 1978):

```
7 + A B C
10 SIN X Z
```

Indicaban *en la línea 7, sumar los valores de A y B y guardar el resultado en C* y *en la línea 10 obtener el seno de X y guardar el resultado en Z.* Era un comienzo. Su misión era intentar alfabetizar digitalmente a los estudiantes de carreras fuera de los campos de las ciencias tradicionales. Solo el 25% de los estudiantes de Dartmouth tomaron cursos relacionados con ciencias aunque se utilizara algún nivel de matemáticas en casi todos los campos.

A medida que las computadoras tomaban más importancia en la sociedad, se preguntaron: *¿Cómo pueden tomar decisiones sensatas sobre la informática y su uso personas esencialmente ignorantes de ella?*

Kemeny señaló que su visión era *que cada estudiante en el campus debería tener acceso a una computadora y cualquier miembro del cuerpo docente debería poder usar una computadora en el aula cuando fuese apropiado.* Pero hacerlo era en gran medida imposible dado con qué tenían que trabajar. El tiempo aproximado en una ejecución típica de

SCALP era de aproximadamente 15 minutos y los lenguajes eran demasiado difíciles de usar para tareas básicas para usuarios que no eran de ciencias.

Kemeny inmediatamente sugirió escribir un nuevo lenguaje. Kurtz estaba más interesado en una versión reducida de FORTRAN o ALGOL, pero estos lenguajes tenían tantas idiosincrasias que Kurtz estuvo de acuerdo con Kemeny en que si eliminaban las características feas de FORTRAN, ya no tendrían FORTRAN y no habría tenido sentido por lo que necesitaban un lenguaje nuevo y con un nuevo nombre.

Su objetivo se centró en conseguir cuatro elementos clave con el nuevo lenguaje (Kurtz, 1978):

1. Los estudiantes debe tener acceso libre/gratuito[1].

2. Debe ser completamente privado. Nadie puede saber qué están haciendo los estudiantes.

3. El sistema debe ser fácil de aprender. El computador debe contener sus propias instrucciones.

4. El sistema debe ser diseñado para ahorrar tiempo al usuario incluso si parece que el computador esta siendo *desperdiciado*.

5. El tiempo de respuesta debería ser lo suficientemente rápido para que los estudiantes puedan usar el sistema para hacer sus tareas.

6. El sistema debería ser agradable y amigable.

17.4. BASIC

Aunque el nombre [BASIC] indica su sencillez, en verdad se trata de un acrónimo para *Beginners All-Purpose Symbolic Instruction Code* o Código de Instrucciones Simbólico para Todo-Propósito para Principiantes. Nada de básico aunque sí que intentaba ser simple para principiantes.

El proyecto comenzó oficialmente en septiembre de 1963. En principio el objetivo era desarrollar tanto un lenguaje como un sistema operativo. Como ya dijimos, pidieron a General Electric la máquina y mientras esperaban su entrega, General Electric les dejó acceso a una máquina para poder comenzar a desarrollar su software.

Para hacernos una idea de cuán difícil era la instalación y puesta a punto de una máquina en los años 60, General Electric entregó la máquina a finales de febrero de 1964, consiguieron tenerla operativa a mediados de marzo y se entregó oficialmente el 1 de abril, es decir, los técnicos de General Electric estuvieron trabajando en la instalación, configuración y puesta a punto de la máquina durante más de un mes.

Para ese momento el sistema operativo había sido desarrollado. Los estudiantes encargados del proyecto dedicaban 50 horas semanales al desarrollo, sin dejar de atender sus jornadas académicas normales. El lenguaje de programación se desarrolló en paralelo y el 1 de mayo de 1964, Kemeny y McGeachie ejecutaron el primer programa en BASIC:

```
PRINT 2 + 2
```

Parece que más tarde Kemeny y otro programador ejecutaron desde dos terminales cada uno un programa diferente al mismo tiempo para probar el tiempo compartido y ambos recibieron sus correspondientes resultados de forma correcta. Sin embargo, esta prueba fue hecha demasiado tarde, en la noche y Kurtz se la perdió porque le gustaba madrugar. En palabras de Kemeny: *se perdió toda la diversión.*

17.5. El lenguaje

El lenguaje guarda mucha similitud con FORTRAN y ALGOL, de FORTRAN toma la forma de los tres valores para los bucles: inicio, fin y paso; así como hacer opcional el tercer valor. De ALGOL toma las palabras clave *FOR* y *STEP* y la forma de comprobación de finalización del bucle.

Kemeny y Kurtz también tenían conocimiento de otros lenguajes de programación como JOSS y CORC de Richard Conway que estaba desarrollando este lenguaje para sus estudiantes en Cornell. Como es normal, también tuvieron influencia de su lenguaje desarrollado anteriormente DARSIMCO.

Un ejemplo de código:

```
10 LET X=(7+8)/3
20 PRINT X
30 END
```

Es un lenguaje que realiza una operación matemática almacenándola en X, la imprime y finaliza la ejecución. Las sentencias que se incluyeron inicialmente en BASIC fueron LET (asignación), PRINT (imprimir por pantalla), END (fin de la ejecución), FOR (bucle con iterador), NEXT (continuación del bucle con iterador), GOTO (salto a una línea específica), IF (condicional), THEN (bloque condicional verdadero), DEF (definición de función), READ (leer datos de consola), DATA (proporciona datos dentro del código), DIM (define un vector o matriz), GOSUB (salto de subrutina), RETURN (retorno de la subrutina) y REM (comentario).

Si has programado alguna vez en BASIC habrás recordado muchas de estas instrucciones y te habrás dado cuenta de con qué poco se podía construir tanto. El lenguaje evolucionó muy rápido y se sucedieron diferentes ediciones a lo largo de la década.

La primera edición del manual de BASIC fue publicada en 1964. Además de las funciones y palabras clave mencionadas, esta edición incluía funciones matemáticas como SIN (seno), COS (coseno), TAN (tangente), ATN (arcotangente), EXP (exponencial), LOG (logaritmo), SQR (raíz cuadrada), ABS (absoluto), RND (número aleatorio) e INT (entero o redondeo hacia abajo).

La definición de funciones (DEF) se permitía para poder crear 26 nuevas funciones cuyo nombre debía tener un máximo de tres letras y debían ir de FNA a FNZ pudiendo aparecer en cualquier parte del programa. Aunque sin duda el recurso más empleado era el salto de subrutina (GOSUB) que permitía volver a la siguiente línea desde donde fue llamado empleando RETURN:

```
10 FOR N = 1 TO 10
20 LET X = N * 3
30 GOSUB 200
40 NEXT N
...
200 PRINT X
210 RETURN
```

También se incluían los operadores matemáticos para suma (+), resta (-), multiplicación (*) y división (/), y los operadores de comparación igual (=), menor que (<), mayor que (>), mayor que o igual (>=), menor que o igual (<=) o distinto (<>).

Por último, dado que el lenguaje era interpretado y la escritura del programa podía realizarse de forma interactiva, existían algunos comandos para ayudar a la ejecución (RUN), listado de las líneas ya escritas (LIST), carga (LOAD) y guardado (SAVE) de los programas.

Debido al poco espacio en disco de los primeros computadores y especialmente si tenemos presente el uso masivo de este mainframe por parte de todo el campus, Kemeny introdujo en el manual un aviso para la instrucción SAVE que decía: *debido a que el espacio en los discos es limitado, se pide a los usuarios no guardar los programas a menos que realmente esperen ser usados de nuevo.*

17.6. Las ediciones de BASIC

Las versiones de BASIC se llaman ediciones porque están ligadas a la revisión y publicación de los manuales que se imprimían para los usuarios. Por lo tanto, cuando se realizaban mejoras y cambios, además de cambiar el sistema se hacía una nueva edición del manual y se volvía a repartir entre los usuarios. Habíamos hablado de la primera edición, continuaremos viendo las siguientes ediciones en esta sección.

La segunda edición de BASIC llegó en 1966 y no contuvo grandes cambios. Se definió una nueva versión de BASIC llamada CardBASIC diseñada para tarjetas perforadas como entrada e impresora como salida.

La tercera edición llegó 7 meses después e incluía la función SGN (signo) y los comandos INPUT y RESTORE. El comando RESTORE implicó un cambio en la forma de utilizar DATA que hasta el momento se leían con READ. Además, corrigieron un fallo que llevaban arrastrando desde la primera edición con respecto a la prioridad de operadores.

Sin embargo, la primera mayor adición de la tercera edición fue el comando INPUT que permitía la entrada de datos durante la ejecución y la segunda mayor adición fue la colección de comandos MAT que fueron agregados en CardBASIC en la edición anterior y permitían realizar acciones sobre vectores o matrices de datos. Otro gran cambio fue que los subíndices que habían comenzado en 1 en las ediciones anteriores ahora lo harían desde 0.

La cuarta edición coincidió con el incremento de uso y el cambio a un nuevo computador GE-635 en 1967 el cual fue descrito en un suplemento de la tercera edición del Manual de BASIC. El software para el nuevo hardware fue esta vez desarrollado conjuntamente por Dartmouth y General Electric. Mientras que General Electric se encargó de escribir el sistema operativo, Dartmouth escribió los compiladores y editores. Ambos contribuyeron al diseño de BASIC.

General Electric hizo sugerencias concernientes a cadenas de texto y ficheros para mejorar la compatibilidad con su Mark I BASIC.

En esta cuarta edición volvieron a los índices comenzando desde 1.

La quinta edición publicada fue la primera que pudo ejecutarse sobre DTSS y gracias a su sistema de ficheros de acceso aleatorio comandos como FILES aparecieron permitiendo al programador listar los ficheros disponibles y así facilitar la acción de carga y guarda de esos ficheros así como FILE para permitir asignar un número a un fichero y emplear los comandos INPUT y PRINT o READ y WRITE para manipular el contenido de los ficheros.

La sexta edición apareció en 1969 lo cual fue un poco extraño porque el manual de la quinta edición no fue publicado hasta 1970. Esta edición agregaba mejoras para las subrutinas pero lo más notable fue la reunión de antiguos alumnos de Dartmouth que estuvieron involucrados desde el inicio en BASIC como eran Stephen Garland, John McGeachie o Robert Hargraves para esta edición. Según Kurtz esta edición fue la más estable jamás construida en Dartmouth.

17.7. Mary Kenneth Keller

Una de las estudiantes que estuvo involucrada en los años de la creación de BASIC, principalmente para la implementación sobre DTSS, fue la hermana Mary Kenneth Keller. Esta mujer que tomó sus votos en 1940 realizó sus estudios en Matemáticas en la Universidad DePaul de Chicago y mientras estaba realizando su doctorado en la Universidad de Wisconsin-Madison en 1965, atendió un taller en el Dartmouth College y se unió al grupo de estudiantes que ayudó a Kemeny y Kurtz en la creación de BASIC.

Keller estaba convencida del potencial de los computadores para la enseñanza y tras terminar su doctorado y participación en el proyecto de BASIC, Keller fundó el departamento de ciencias de la computación en el Clarke College (ahora Universidad Clarke), una universidad católica fundada por las Hermanas de la Caridad de la Bendecida Virgen María de Dubuque, Iowa.

Ese mismo año, la [NSF] le premió con 25 mil dólares pagables a lo largo de dos años para equipos didácticos para la educación de pregrado.

Keller se mantuvo en la dirección de este departamento durante 20 años.

17.8. Compilado o Interpretado

En la especificación de Dartmouth BASIC no se dice si el lenguaje debe ser compilado o interpretado pero en un inicio la intención era que fuese interpretado. No obstante, como al modo compilado se le conocía como *indirecto* y al interpretado como *directo* y se pretendía que el usuario pudiese ejecutar comandos de forma *directa*, el uso del modo interpretado tuvo su argumento de peso para imponerse.

La proliferación de sistemas interactivos se impuso también para evitar la lentitud del proceso de compilación y porque la ejecución se realizaba a través de la entrada de datos mediante las consolas conectadas al *mainframe* en lugar de procesos por lotes cargados en tarjetas perforadas.

El sesgo hacia el procesamiento interpretado del lenguaje en entornos interactivos probablemente también estuvo influenciado por la lentitud de muchos compiladores, que empleaban múltiples pasadas. Una historia de terror afirma que un determinado compilador FORTRAN requirió 45 segundos para compilar un programa que consistía únicamente en la declaración END.

Otro argumento a favor del interpretado frente al compilado involucraba el análisis de errores sintácticos. En opinión de Kemeny y Kurtz, el enfoque de procesar todos los errores del código producía una enorme carga en el sistema. Además, exigía a los usuarios que compusieran los programas de forma restringida. Dartmouth BASIC nunca comprobaba los errores línea a línea, su estrategia separaba la construcción del programa de la compilación. Si había errores, se generaban errores comprensibles en inglés y se limitaban a mostrar solo 5 errores cada vez.

En programas pequeños se conseguía una respuesta de error entre 5 y 10 segundos, lo que resultaba mucho más veloz que en otros sistemas compilados como FORTRAN.

17.9. El uso del lenguaje

En 1968 se realizó una revisión donde recabaron algunas estadísticas de uso del sistema. Concretaron que el 80% de los estudiantes y 70% del profesorado hacían algún uso del sistema. Había cientos de terminales repartidas por todo el campus, desde el Hospital hasta la Escuela de Negocios e incluso gracias a otra subvención de NSF también hubo terminales en ubicaciones fuera del campus. En los años 70 se instalaron terminales remotas en sitios tan lejanos como Nueva Jersey, Bangor o Maine.

El 57% del tiempo de procesador se utilizó para trabajos de clase, el 16% para investigación y el 27% restante para *uso recreativo*.

Dartmouth animó activamente a sus estudiantes a jugar como una forma de practicar y perder el miedo a la computadora. Al igual que Ken Thompson hizo con las computadoras de la empresa, Kemeny realizó algunos juegos y puede considerarse como uno de los primeros programadores de videojuegos de mainframe.

Uno de los juegos favoritos fue FTBALL, un juego de fútbol en conmemoración a un partido jugado entre Dartmouth y Princeton en 1965, donde Dartmouth se hizo con el trofeo Lambert. Kemeny lo escribió al día siguiente al encuentro, un domingo y se convirtió en el juego favorito de Dartmouth.

BASIC facilitó la gestión de cadenas de texto y esto facilito la aparición de juegos basados en texto a principios de los años 70.

17.10. Expansión de BASIC

Los juegos fueron uno de los puntos culminantes de la expansión de BASIC pero también su objetivo de poder ser portado a cualquier máquina del mercado. BASIC facilitó el acceso a los computadores a un público más casual. Esto llevo a varios fabricantes a desarrollar computadores específicamente diseñados para ejecutar BASIC orientado en realizar tareas de forma sencilla sin tener en cuenta el rendimiento.

Los minicomputadores que adoptaron BASIC y ayudaron a propagarlo fueron en un principio el HP 2000, el DEC PDP-8, el DEC PDP-11, el DG NOVA, el WANG e incluso el DEC PDP-10.

El lenguaje fue estandarizado en 1974 a través del [ANSI] y el grupo [ECMA] que daría pie a la creación de otras versiones de BASIC como Altair BASIC desarrollada por Paul Allen y Bill Gates y posteriormente renombrada como Microsoft BASIC.

[1] Debido a que en inglés *free* puede indicar libre o gratuito, no queda claro si el texto alude al libre acceso de los estudiantes o al acceso gratuito para los estudiantes. Agregamos los dos por ese motivo.

Capítulo 18. ISWIM y la programación funcional

> ISWIM es probablemente el lenguaje de programación más influyente que jamás fue implementado.
>
> — John C. Reynolds

Si eres programador y has escuchado hablar de los lenguajes funcionales quizás ubiques a LISP como uno de los primeros lenguajes funcionales pero, sin embargo, el lenguaje funcional que más ha influenciado a otros llegó algo después de la mano de Peter J. Landin y ni siquiera es un lenguaje de programación.

Pero comencemos desde el principio. Peter John Landin estudió matemáticas en la Universidad de Cambridge. De 1960 a 1964 ejerció como consultor informático independiente en Londres y fue asistente de Christopher Strachey tal y como comentamos en el Capítulo 12.

Una de sus publicaciones más notorias titulada *Los Siguientes 700 Lenguajes* fue publicada cuando trabajaba en Estados Unidos en Sperry Rand Corporation y en el Instituto de Tecnología de Massachusetts, antes de conseguir una plaza en la Universidad Queen Mary en Londres.

Vamos a revisar el artículo porque es en este artículo donde se define la familia de lenguajes ISWIM.

18.1. Los siguientes 700 lenguajes

El artículo abre indicando el siguiente texto (Landin, 1966):

> La mayoría de los lenguajes de programación son en parte una forma de expresar cosas en términos de otras cosas y en parte un conjunto básico de cosas dadas. El sistema [ISWIM] (If You See What I Mean) es un subproducto de un intento de desenredar estos dos aspectos en algunos lenguajes actuales. [...] La conclusión es que muchas de las características de muchos lenguajes son irrelevantes a la supuesta orientación del problema.

Como habíamos dicho al principio, partimos de la base de que ISWIM es una idea no implementada de familia de lenguajes. Esto quiere decir que es similar a un meta-lenguaje o la generalización (familia) de un lenguaje de programación. Su misión y para lo que fue creado, tal y como Landin dice *para describir cosas en términos de otras cosas.*

Al principio del artículo también se lamenta acerca de que quizás si ALGOL 60 hubiese sido lanzado como una familia en lugar de un lenguaje, habrían evitado algunas de las críticas menos relevantes de sus deficiencias.

Figura 33. Peter J. Landin

El diseño de ISWIM parte de la premisa de la que se fundamenta ALGOL 60 donde se especifica un lenguaje de publicación, uno de referencia y otro de hardware. Para ISWIM, Landin ve necesario definir dos lenguajes diferentes para no ligar la especificación a la parte física o de hardware y por ello define dos ISWIM en principio:

- ISWIM lógico. El lenguaje empleado para publicación y referencia.

- ISWIM físico. El lenguaje a ser implementado físicamente.

No obstante, pronto nos presenta 4 niveles de abstracción para ISWIM donde diferencia:

ISWIM físico

La referencia del lenguaje para su implementación. Esta no fue definida nunca por Landin.

ISWIM lógico

El cuál no está comprometido con los códigos de caracteres ni con las tipografías, sino con una secuencia textual de elementos y las reglas gramaticales en las que se agrupan.

ISWIM abstracto

El cuál no está comprometido con las reglas gramaticales de secuencia y agrupación sino con las categorías gramaticales y su estructura de anidación creando un árbol del lenguaje del cual ISWIM lógico es su representación en una sola línea.

ISWIM de expresiones aplicativas

Que constituye otro árbol del lenguaje estructuralmente más austero que su ISWIM abstracto y proporciona ciertas categorías gramaticales básicas.

A este nivel ya podemos aventurar que cuando Landin indica diferentes tipos de lenguajes en verdad a día de hoy y tal y como han progresado los lenguajes de programación podemos indicar que realmente se refiere a diferentes representaciones del mismo lenguaje tras aplicar una serie de pasadas, por lo que la representación de expresiones aplicativas sería el más alto nivel y donde los programadores escriben su código y este es procesado para producir la representación abstracta que a su vez se procesa y produce la representación lógica y finalmente se procesa para producir la representación física y mucho más fácil de traducir a código máquina.

18.2. El azúcar sintáctico

Landin fue el primer programador en acuñar el término de azúcar sintáctico y en verdad, la transformación de las expresiones aplicativas a expresiones de ISWIM abstracto son en sí una forma de azúcar sintáctico. Landin lo definió en 1964 como la forma de definir el símbolo lambda como *where* reemplazado a nivel de compilador para dulcificar la escritura y representación del lenguaje pero sin cambiar ninguna característica del mismo.

De esta forma llegar a un nivel mayor de abstracción del lenguaje permite, según Landin, definir mejores lenguajes a partir de mayores abstracciones que permitan centrarse en el dominio de los problemas en lugar de en la implementación específica de la solución.

18.3. ISWIM y LISP

ISWIM fue creado posteriormente a LISP por lo que Landin pudo realizar una comparación en su documento (Landin, 1966) de qué mejoras proporciona ISWIM frente a LISP. En principio, Landin consideraba que LISP estaba demasiado ligado al hardware y a su sintaxis, tal y como resumió en los siguientes puntos que indican las mejoras de ISWIM con respecto a LISP:

1. ISWIM no tiene una orientación específica hacia problemas. Hasta ahora, los experimentos se han centrado principalmente en el trabajo numérico y el procesamiento del lenguaje, con breves incursiones en la programación *comercial* y otros ámbitos. No ha surgido ningún sesgo a favor o en contra de un campo o aplicación en particular.

2. En comparación con LISP, la principal mejora en la asignación de memoria se debe a una mera diferencia sintáctica, a saber, el uso de *where*. Esto proporciona una estructura de bloques que no difiere en apariencia textual de ALGOL 60, aunque la hace mucho más fácil de escribir y es en muchos aspectos más general.

3. LISP tiene algunos rincones oscuros, especialmente fuera del *pure LISP*, en los que tanto profesores como programadores recurren a hablar de direcciones [de memoria] y a dibujar diagramas de almacenamiento. La máquina abstracta que subyace a ISWIM tiene como objetivo iluminar estos rincones con un mínimo de dependencia del hardware.

4. La apariencia textual de ISWIM no es como las expresiones S de LISP. ISWIM está más cerca de las expresiones M de LISP (las cuales constituyen un lenguaje informal usado como un resultado intermedio en programas LISP escritos a mano). ISWIM tiene las siguientes características adicionales:

    1. Definiciones *auxiliares*, indicadas por *let* o *where* con dos decoraciones: *and* para definiciones simultáneas y *rec* para definiciones auto-referenciadas.

    2. Operadores infijos, incorporados sistemáticamente. Un ISWIM lógico puede definirse en términos de cuatro parámetros no especificados: tres subconjuntos de la clase de *identificadores*, para su uso como operadores prefijados, infijos y posfijos; y una relación de precedencia definida sobre la unión de estos subconjuntos.

    3. Indentación o sangría, utilizada para indicar la estructura del programa. Un ISWIM físico puede definirse en términos de un parámetro no especificado: un subconjunto de categorías de frases, cuyas instancias están restringidas en el diseño por la siguiente regla llamada *la regla exterior*. El cuadrante sureste que contiene sólo el primer símbolo de la frase debe contener la frase entera, excepto posiblemente los subsegmentos entre corchetes. Esta regla tiene tres características importantes. Se basa en la alineación vertical, no en el ancho de los caracteres, y por lo tanto es igualmente apropiada en textos escritos a mano o mecanografiados. Su uso no es obligatorio, y su uso

puede combinarse libremente con alternativas más convencionales como la puntuación. Además, está incorporada en ISWIM de una manera sistemática que admite alternativas sin cambiar otras características de ISWIM y que puede aplicarse a otros lenguajes.

5. La contribución más importante de LISP no estuvo en el procesamiento de listas ni en la asignación de almacenamiento ni en la notación, sino en las propiedades lógicas que hay detrás de la notación. Aquí ISWIM hace una pequeña mejora porque a excepción de menores detalles, LISP no deja nada que hacer. Hay dos formas equivalentes de enunciar estas propiedades:

   1. LISP simplifica las relaciones de equivalencia que determinan el grado en que se pueden intercambiar partes del programa sin afectar el resultado.

   2. LISP acercó la clase de entidades que se denotan mediante expresiones que un programador puede escribir a las que surgen en los modelos de sistemas físicos y en los sistemas matemáticos y lógicos.

18.4. Críticas a ISWIM

La discusión que suscitó la presentación de Landin se ve reflejada en la sección del mismo nombre al final del documento (Landin, 1966). Personajes como Peter Naur o Robert W. Floyd criticaron el aspecto de la sangría (o indentación) propuesta por el lenguaje. Para publicación parecía un requisito difícil de satisfacer debido a los problemas de la imprenta de esa década.

Otras voces como Strachey anunciaban que características lingüísticas como *where*, *while*, *and* y *recursive* mencionadas por Landin en el documento habían sido recogidas por Cambridge y Londres en su lenguaje [CPL] (ver en el Capítulo 12), remarcando que *where* había constituido una parte muy importante del lenguaje.

Edgar T. Irons también remarcaba la importancia de los conceptos presentados y que habían sido empleados en la programación por su parte.

Strachey cerraba el ciclo de discusiones intentando hacer una distinción entre programación declarativa e imperativa y finalmente podemos extraer esta frase como conclusión:

> Un inconveniente de los lenguajes imperativos es que tienes que especificar demasiado su secuencia. Por ejemplo, si quieres multiplicar una matriz, tienes n^3 multiplicaciones. Si escribes un programa para hacer esto, tienes que especificar la secuencia exacta en la que hacerlo. En realidad, no importa en que orden hagas las multiplicaciones mientras que las agrupes de forma correcta. Así que un lenguaje imperativo impone la secuencia, lo cual hace muy difícil reorganizar si quieres hacer las cosas de forma más eficiente.

18.5. La influencia de ISWIM

Como hemos mencionado, ISWIM no es en sí considerado un lenguaje de programación sino un lenguaje genérico como base a tomar para la implementación de un dialecto de este mismo lenguaje aproximando sus diferentes capas al dominio del problema al que queramos dirigir nuestro lenguaje.

La crítica de Landin sobre los lenguajes y su distancia del dominio del problema fue tomada por muchos como Strachey como un punto de partida y a lo largo de esta y las siguientes décadas, se tomaría el documento de Landin como base para realizar lenguajes como ML (1973), Miranda (1985) o Haskell (1990) entre otros.

18.6. PAL

Pero aún no acabemos con ISWIM. Revisando entre los lenguajes que tuvo influencia, topé con PAL, un lenguaje desarrollado por Landin con ayuda de Art Evans y en el que influyó mucho Strachey.

 En el documento (Evans, 1968), Evans nos dice como frase de apertura: *este documento describe PAL - un nuevo lenguaje de computador. Dado el hecho de que nuevos lenguajes parecen aparecer en la literatura de la computación en un ratio de varios por mes, parece que quien crea un nuevo lenguaje tiene la obligación de justificar su creación.*

El lenguaje fue creado en principio basado en dos premisas: control y especificación. Es decir, tener el control absoluto de su evolución, qué incluye y qué no y basar la especificación en algo que puedan entender sus alumnos y no sea tan formal o un trabajo a medio hacer como la forma de Backus-Naur [BNF].

Puede resultar curioso que un grupo universitario resigne de emplear un estándar por considerar la implementación sin él mucho más comprensible. De hecho, uno de los motivos recurrentes de realizar el lenguaje del modo en que lo hicieron fue no ligarse a los continuos cambios y exigencias de otros lenguajes. Pero, ¿cuál es el motivo real de implementar este lenguaje entonces?

PAL fue desarrollado en el Instituto de Tecnología de Massachusetts como lenguaje educativo. Según Evans, no tenía que ser perfecto, fue diseñado para implementar ideas sin una decoración sintáctica excesiva y permitir a los estudiantes mejorar su dominio de la programación. Este lenguaje fue parte del proyecto [MAC].

Podemos ver un ejemplo de este lenguaje aquí:

```
let Abs x =  // computa valor absoluto del arg.
        x < 0.0 -> -x ! x
```

```
in

let Sqrt x = // computa la raíz cuadrada de x
    f(x/2.0) // aproximación inicial x/2
    where rec f t = // función recursiva (Newton)
          Abs( t*t - x ) < 0.005  // ¿cerca?
          ->    t    // Sí, retornamos el resultado
          !     f ( 0.5 * (t + x / t) ) // Sigue
in

let i = 0  // contador, para raíces cuadradas
in

L:    // el bucle principal
      Write (i, '*t', Sqrt (I to R i), '*n');
      i := i + 1;
      i < 11  // ¿hicimos solo 10?
      ->        // aún no, sigue intentando
           goto L
      !          // hecho, dilo y vámonos a casa.
      Write '*All done.*n'
```

Una prueba de ejecución daría:

```
W 042.0
Pal compiler entered
Pal loader entered
Execution
0         0.00000E+00
1         1.00030E+00
2         1.41422E+00
3         1.73214E+00
4         2.00000E+00
5         2.23611E+00
```

```
6           2.45000E+00
7           2.64575E+00
8           2.82843E+00
9           3.00002E+00
10          3.16232E+00

All done.

Execution finished
Number of cycles: 977
```

Podemos ver que al realizar la iteración nos da las raíces cuadradas para los números del 1 al 10. Se ve claro en la raíz de 4 o 9. El lenguaje define bucles al estilo ALGOL y por ese motivo Evans dice en su documento que PAL es un descendiente directo de ISWIM, pero con importantes diferencias particularmente en las sentencias imperativas.

Curiosamente, la primera implementación de PAL corrió a cargo de Landin y James H. Morris Jr. en LISP y esa versión fue mucho más parecida a ISWIM que la versión presentada en el documento de Evans o el código visto anteriormente.

En el documento también se señala que la versión presentada de PAL es obra de Martin Richards, Thomas J. Barkalow, Art Evans, Robert M. Graham, James H. Morris y John M. Wozencraft.

18.7. Los siguientes 7000 lenguajes

En 2022 apareció un nuevo artículo (Chatley etal., 2022) sobre los siguientes 7000 lenguajes como una revisión al documento de Landin por parte de Robert Chatley, Alastair Donaldson y Alan Mycroft.

Debemos ser sinceros, el documento de Landin tenía un título bastante llamativo pero su única visualización hacia el futuro de los lenguajes estaba en su sugerencia de realizar lenguajes genéricos o familias de lenguajes en lugar de implementaciones cerradas y específicas para un hardware o fuera del ámbito de la implementación de soluciones a problemas.

Su lenguaje genérico ISWIM fue un ejemplo de este tipo de lenguajes.

En este nuevo documento, los autores toman la frase de Landin: *hoy 1700 lenguajes de programación especiales se emplean para 'comunicarse' en 700 áreas de aplicación*. Una crítica sobre el hecho de que hay muchos más lenguajes que áreas y por tanto no se ha conseguido un enfoque concreto al dominio del problema en el que los autores inciden que la situación actual es mucho peor.

Por lo que especificar un nuevo lenguaje carece de sentido. En este caso, este nuevo documento se encarga de analizar los genes y el *árbol de la vida* de los lenguajes de programación como una forma Darwiniana de ver cuáles lenguajes superan el desafío del tiempo y su potencia de uso, popularidad y versatilidad, en comparación con otros.

Aunque el documento no hace mayor referencia de ISWIM, solo para indicar que Landin no consiguió su objetivo y que la programación tomó otro camino diferente, no quita el hecho de que ISWIM fue una propuesta tenida en cuenta en muchos de los lenguajes funcionales desarrollados en las siguientes décadas como iremos viendo.

Capítulo 19. CORAL y la programación en tiempo-real

> Es prácticamente imposible diseñar un lenguaje estándar tal que los programas se ejecuten con la misma alta eficiencia en todos los tipos de computadoras y en cualquier aplicación.
>
> — Philip M. Woodward

Philip Mayne Woodward era un matemático británico, ingeniero de radar y relojero. Durante la Segunda Guerra Mundial desarrolló una técnica matemática de conformación de haces para antenas de radar que más tarde se convertiría en el estándar para el análisis de las señales de comunicación.

Su principal logro en radares fue evaluar las ambigüedades inherentes a todas las señales de radar y mostrar cómo la probabilidad Bayesiana puede ser empleada como parte del proceso de diseño para eliminar toda la información salvo la deseada que los ecos puedan contener.

En 1956, el ganador del Premio Nobel en Física, John Hasbrouck Van Vleck, le invitó a impartir un curso de postgrado sobre procesos aleatorios en la Universidad de Harvard. El profesor Edwin Thompson Jaynes, en su libro póstumo reconoció que Woodward estaba muy adelantado a su tiempo.

En la década de 1960 Woodward dirigió un equipo de software para computador en Malvern proporcionando al Royal Radar Establishment un compilador de ALGOL 68-R, la primera implementación realizada de

ALGOL 68 y proporcionaron a los servicios armados su primer estándar de lenguaje de programación de alto nivel, CORAL 66.

19.1. CORAL 66

El nombre de CORAL no está indicado en el documento oficial de su definición que se refiera a un acrónimo, sin embargo, en la publicidad de Ferranti (Ltd, 1968) se dice que el estándar de CORAL 64 deriva de JOVIAL y ALGOL 60 principalmente con algunos toques de FORTRAN II.

El nombre, comentado en el libro *Watching the skies* (Gough, 1993), indica que CORAL es el acrónimo para *Computer On-line Real-time Applications Language* o Lenguaje de Aplicaciones de Computador en Línea y en Tiempo-Real y muy posiblemente en sus primeras versiones la R en lugar de *real-time* sería por *radar*.

CORAL 66 es un lenguaje de programación de propósito general. Como dice la frase que abre el capítulo, el autor del lenguaje veía imposible realizar un lenguaje estándar con alta eficiencia en todos los campos. Pero más específicamente, el autor indica que hay que hacer una distinción entre lenguajes de propósito general usados por programadores con gran destreza y lenguajes con un diseño más limitado que incorporan asunciones de aplicaciones especializadas para hacer el acceso al computador práctico para los usuarios no especializados.

En este caso CORAL 66 pertenece al primer grupo, un lenguaje general. Los lenguajes de esta clase son adecuados para escribir compiladores e intérpretes, así como para su aplicación directa. Por lo tanto, los lenguajes de propósito especial se pueden implementar mediante software escrito en CORAL 66, respaldado según sea necesario con conjuntos de macros o procedimientos especializados.

Las principales diferencias entre los procedimientos de CORAL 66 y los de ALGOL 60 radican en la sustitución del parámetro dinámico *name* de ALGOL 60 por el parámetro *location* o de referencia más eficiente utilizado en FORTRAN y el requisito de declarar los procedimientos recursivos explícitamente como tales, nuevamente en beneficio de la eficiencia del código objeto.

Recordemos en este punto que tanto los creadores del lenguaje como el uso del lenguaje están destinados a ser empleados en el campo de los radares. Este tipo de instrumentos y análisis de información requiere ser realizado en tiempo-real.

El *tiempo-real* asume que la petición de una cierta información debe obtenerse en un determinado tiempo y fuera de esa ventana de tiempo ya no es válida. Existen diferentes tipos de *tiempo-real* estableciéndose principalmente en las categorías de tiempo-real duro o tiempo-real blando. No obstante, este tema queda fuera del alcance de este libro, así que asumimos únicamente lo dicho hasta el momento: la información debe procesarse en una ventana de tiempo determinada.

Este es uno de los motivos de la creación de este lenguaje. Tal y como dicen en el documento de definición de CORAL 66 (Woodward etal., 1973) la teoría y estructura de la programación para aplicación de computador de tiempo-real no había avanzado mucho y por tanto la falta de un acuerdo para la interfaz estándar de software para programadores de aplicaciones o escritores de compiladores era un problema.

Este problema no implica que los programas de tiempo-real no puedan ser escritos en lenguajes de alto nivel. El uso de CORAL 66 en aplicaciones de tiempo-real implica la presencia de un sistema supervisor para el control de las comunicaciones, el cual podría haberse diseñado independientemente del compilador. El control del programador sobre eventos externos y la reacción del computador a ellos es expresada por el uso de procedimientos o macros que se comunican con el mundo exterior indirectamente a través de un agente del software de supervisión. No existen convenciones sobre los nombres o acciones tales como llamadas al supervisor.

El lenguaje estuvo disponible para algunas computadoras como

Ferranti, General Electric, PDP-11, VAX, Alpha, Honeywell y más tarde incluso para SPARC en Solaris e Intel con Linux.

19.2. El lenguaje

Como hemos dicho inicialmente, CORAL es un lenguaje de propósito general inspirado en ALGOL y más específicamente JOVIAL y con mejoras traídas desde FORTRAN.

Podemos ver un código de ejemplo de su manual:

```
BEGIN INTEGER i;
    INTEGER PROCEDURE p; ANSWER i;
    i <- 0;
    BEGIN INTEGER i;
        i <- 2;
        print(p)
    END
END
```

Es un ejemplo para mostrar el alcance de las variables donde se puede ver que definimos varias i en diferentes secciones y cuando realizamos la impresión llamando al procedimiento p, este es ejecutado y termina retornando el valor i como la última asignación realizada, es decir 0.

19.3. El legado de CORAL

Aunque CORAL se convirtió en un estándar dentro del gobierno británico, poco a poco otros lenguajes se fueron haciendo hueco en nuevos desarrollos. Lenguajes que vinieron en las siguientes décadas, pero al igual que sucede con COBOL, CORAL sigue en ejecución en algunos computadores donde fue implementado inicialmente y aún existen programas hechos con este lenguaje de programación.

Como en el caso de COBOL, no estamos seguros si llegará el día en el que todos los programas realizados con CORAL serán apagados y sustituidos por otros hechos en otros lenguajes. En definitiva, CORAL es un lenguaje que ha caído en desuso y es muy difícil encontrar un compilador funcional con el que trabajar.

Capítulo 20. LOGO y la programación para niños

> Creo, al igual que Dewey, Montessori y Piaget, que los niños aprenden haciendo y pensando en lo que hacen. Por eso, los ingredientes fundamentales de la innovación educativa deben ser hacer mejores cosas y pensar mejor en cómo uno mismo hace esas cosas.

— Seymour Papert

En una charla en 2018, Cynthia Solomon proyectó un vídeo de Seymour Papert explicando la complejidad de usar números romanos para realizar matemáticas y la poca eficiencia de los exámenes y el aprendizaje de matemáticas para los alumnos: *enseñar la base de las matemáticas con números romanos estaba al alcance de unos pocos especialistas en la sociedad, mientras que empleando los números hindú-árabes queda al alcance de prácticamente todos.*

Esta forma de introducir el símil por parte de Papert nos lleva rápidamente a entender el lugar que ocupan lenguajes como LOGO. Papert quería introducir la computación y la informática para los niños y quería hacer accesible la forma de interactuar con la máquina, lo que le llevó junto a Solomon, Marvin Minsky y otros que veremos a continuación a desarrollar este lenguaje de programación. Pero vayamos al principio para responder a la pregunta, ¿por qué Seymour Papert se interesó en este aspecto?

20.1. Sputnik y las Ciencias

En la década de 1950 se tomó conciencia en los Estados Unidos de América de incrementar la calidad de su enseñanza de sus escuelas en general (*elementary* y *high school*) debido al comienzo de la carrera espacial y la ventaja que tomó la [URSS] (Unión de Repúblicas Socialistas Soviéticas) al lanzar el primer satélite artificial el 4 de octubre de 1957 con el nombre de Sputnik.

Los fondos se destinaron principalmente a programas para enseñar a los niños ciencias y matemáticas a lo largo de la década de 1960. El proyecto iniciado por Seymour Papert fue muy importante porque ofrecía una forma novedosa de enseñar a los niños matemáticas. Pero hubo muchas Universidades más que tomaron el desafío como Harvard, Cambridge, Syracuse, Illinois y Berkeley.

Las conversaciones iniciadas en estas universidades y a través de diferentes conferencias fortificaron las ideas de Papert de crear una *mathland* (tierra o país de las matemáticas), un entorno conductivo para enseñar matemáticas.

20.2. Teorías Constructivistas del Aprendizaje

La carrera de Papert comenzó en la Universidad de Witwatersrand de Johannesburg, Sudáfrica. Papert se licenció en filosofía en 1949 e hizo un doctorado en matemáticas en 1952. Más tarde realizaría un segundo doctorado en la Universidad de Cambridge en 1959. En esta época entre 1958 y 1963 estudió también en la Universidad de Genova siendo uno de los protegidos de Jean Piaget.

> Nadie entiende tan bien mis ideas como Papert.
>
> — Jean Piaget

Piaget dio origen a la teoría constructivista del aprendizaje que tenía sus raíces en la epistemología, es decir, la rama de la filosofía que se encarga del conocimiento estudiando su naturaleza, su origen, su alcance y varios asuntos relacionados. La teoría constructivista del aprendizaje se encarga de las categorías lógicas del conocimiento y su justificación, es decir, enfoca el aprendizaje en la experiencia formada por el entorno social y cultural en un proceso en el que los estudiantes *construyen* su conocimiento a través de las experiencias.

Figura 34. Seymour Papert

Estas teorías dieron una base de pensamiento para Papert, al igual que lo hizo para muchos otros constructivistas. Papert sin embargo, eligió las computadoras como medio y herramienta para enseñar a los niños a manejar y aprovechar los computadores. Pero este enfoque requería investigación y desarrollo por lo que debían acudir a alguien que les ayudara en este cometido.

20.3. Marvin Minsky y el MIT

El Profesor Marvin Minsky había servido en la Marina de los Estados Unidos en 1944 y 1945 y obtuvo su licenciatura en matemáticas en la Universidad de Harvard en 1950 y su doctorado también en matemáticas en la Universidad de Princeton en 1954. Su doctorado trató sobre la *teoría de los sistemas de refuerzo neural-analógicos y su aplicación al problema del modelo cerebral* acercándose a la Inteligencia Artificial. En 1958 se unió al [MIT] en el Laboratorio Lincoln donde una año más tarde John McCarthy y él iniciarían lo que hasta 2019 fue nombrado el Laboratorio de Inteligencia Artificial y Ciencias de la Computación del MIT.

Figura 35. Marvin Minsky

En 1963, Papert junto con Piaget llegarían al MIT para proponer su proyecto a Minsky. Minsky vio un gran potencial no solo en el aprendizaje sino en hacer a los computadores más inteligentes para facilitar el aprendizaje de los estudiantes.

Juntos pedirían consejo en 1964 a Bolt, Beranek y Newman [BBN] donde conseguirían a otro colaborador más Wally Feurzeig. Wally Feurzeig era trabajador de BBN y licenciado en ciencias y filosofía por la Universidad de Chicago, obteniendo además un máster en ciencias en el Instituto de Tecnología de Illinois. Feurzeig se uniría como programador de LISP ayudando tanto con el desarrollo de la idea como con el computador.

También se unió al equipo Daniel G. Bobrow, de BBN, quien había hecho su doctorado en Harvard en 1958 bajo la supervisión de Marvin Minsky.

En 1965 Cynthia Solomon se unió a BBN y al grupo tras haber conocido previamente en 1962 a Marvin Minsky quien le enseñó a programar en LISP. En 1963 conoció a Seymour Papert. Solomon era una investigadora con una licenciatura en historia por la Universidad de Radcliffe en aquél momento y constituyó un punto clave gracias a sus conocimientos, por lo que comenzó a trabajar como programadora de LISP en BBN junto a Feurzeig.

Figura 36. Cynthia Solomon

Por lo tanto, el proyecto constituyó un esfuerzo conjunto entre la empresa BBN, la Universidad de Cambridge y el MIT.

20.4. De Telcomp a LOGO

Se dice que los niños aprenden de forma veloz. Pappert quería tener un punto de partida y puso a observar a su equipo cómo se daban las clases de Telcomp (ver la Sección 14.3 del Capítulo 14) sobre álgebra a los niños y las dificultades que experimentaban al no entender bien el porqué hacían lo que hacían.

Crear un lenguaje específico para niños era una necesidad.

Tras las ideas combinadas de todos, Papert estableció las raíces de un nuevo lenguaje en la lógica matemática, la inteligencia artificial y el desarrollo psicológico. La idea se fundamentaba en la investigación de Papert y:

• Su trabajo con Minksy haciendo a los computadores inteligentes.

• Su trabajo con Piaget con niños y la teoría de constructivista.

• Sus observaciones de niños usando un lenguaje de programación diseñado para adultos (Telcomp ver la Sección 14.3 del Capítulo 14).

Los primeros cuatro años de la investigación, desarrollo y aprendizaje del proyecto tuvieron lugar en [BBN]. La primera implementación fue llamada *Ghost* (fantasma) y fue escrita en LISP usando un computador PDP-1. El objetivo era crear un mundo matemático donde los niños pudieran jugar con palabras y frases.

No obstante, [BBN] también tenía un contrato con la Marina para proporcionar formación a sus cadetes en computación. Feurzeig se encargó de realizar la documentación y encabezar el proyecto para la Marina. Papert mostraba abiertamente su reticencia acerca de enseñar a cadetes porque su estudio se basó desde un inicio en niños y el aprendizaje en escuelas.

 Uno de los problemas que afrontaron en BBN fue que el Estado no daba fondos de educación a empresas por lo que Papert se encontró discutiendo con el funcionario encargado de otorgar estos fondos y según recuerdan le dijo:

> Si fueses uno de mis alumnos te suspendería.

Afortunadamente, Feurzeig tenía más capacidades de negociación y consiguió que se asignaran los fondos al proyecto.

Otro de los problemas fue la edad de los cadetes. El responsable del programa de formación, Glen Bryan dijo que aún así el programa de formación sería adecuado porque:

> Tenemos militares mocosos[1].

Siguiendo el modelo de LISP, los objetivos de diseño del lenguaje incluían una gran accesibilidad y mensajes de error informativos. El uso de tortugas virtuales permitió obtener retro-alimentación inmediata y un depurado gráfico de la programación.

En algún momento antes de 1967 se decidió cambiar el nombre al lenguaje por LOGO, un mejor nombre para el lenguaje y el objetivo del proyecto.

En 1967 se realizaron las primeras pruebas llevadas a cabo por Papert. Él se encargaba de enseñar a los niños del Colegio Hanscom de la base Hanscom de las Fuerzas Aéreas y Solomon y Feurzeig se encargaban de observar. Tras cada sesión realizaban correcciones por lo que cada sesión suponía una nueva versión de LOGO.

Desde el principio, LOGO no solo era un lenguaje de programación. LOGO era un entorno computacional compuesto de personas, cosas e ideas. Consistía en una forma de pensar sobre la computación, el aprendizaje y comentar qué hacemos. Funcionalmente, el entorno de LOGO se compone de:

1. Un computador.

2. Un lenguaje de programación.

3. Una colección de periféricos, normalmente un robot llamado *tortuga*.

4. Una colección de proyectos.

5. Un meta-lenguaje, una forma consistente de hablar acerca del lenguaje, los proyectos, etc.

6. Una rica cultura de aprendizaje.

7. Una colección de *actividades puente* tales como malabarismos y resolver rompecabezas.

El primer robot tortuga de LOGO fue creado en 1969 mientras se realizaba el desarrollaba en un sistema de tiempo compartido de BBN llamado SDS 940.

20.5. El generador de sentencias

Uno de los primeros programas en LOGO se enfocaba en jugar con palabras y sentencias. Digamos que queremos un procedimiento que nos proporcione un nombre:

```
TO NOUN
OUTPUT PICK [BIRDS DOGS WORMS DONKEYS GEESE CATS
[GUINEA PIGS]]
END
```

Ahora otro que nos dé un verbo:

```
TO VERB
OUTPUT PICK [HATE TRIP BITE LOVE]
END
```

Por último necesitamos un adjetivo:

```
TO ADJECTIVE
OUTPUT PICK [RED PECULIAR JUMPING FAT FUZZY [FUZZY
WUZZY]]
END
```

Así que podemos escribir otro procedimiento llamado SENGEN para construir una frase o sentencia tomando: adjetivo, nombre, verbo, adjetivo y nombre. El código es el siguiente:

```
TO SENGEN
PRINT (SENTENCE ADJECTIVE NOUN VERB ADJECTIVE
NOUN)
SENGEN
END
```

Es recursivo y por tanto se ejecuta de forma continua escribiendo frases como las siguientes:

```
RED GUINEA PIGS TRIP FUZZY WUZZY DONKEYS
PECULIAR BIRDS HATE JUMPING DOGS
FAT WORMS HATE PECULIAR WORMS
FAT GEESE BITE JUMPING CATS
```

 Aunque los adultos enseguida pueden entender la regla gramatical detrás del programa, los niños de entre 10 y 12 años se sorprendían exclamando:

> ¡Así que este es el porqué son llamados nombres y verbos!

Con este ejemplo comenzaban a entender los sistemas formales.

La primera vez que fue enseñado este código, los niños no prestaron atención sobre qué era un nombre o un verbo agregando en las funciones mezclas de ambos y resultando en frases sin sentido. Esto sucedió en una clase de séptimo grade de 1968-69 (12 años de edad).

Ante la salida obtenida entendieron la importancia de separar correctamente las palabras.

20.6. Adivina el número

Después de tratar con palabras y frases se optó por un ejemplo con números. Este es un ejemplo que aún se emplea para explicar la entrada y salida de datos, la generación de números aleatorios y las operaciones matemáticas.

El concepto es sencillo, se toma una fórmula matemática y hay un número que hay que adivinar. Para ello disponemos de una función para generar números aleatorios:

```
TO GETNUM
OUTPUT 1 + RANDOM 10
END
```

Nos da un número entre 1 y 10 porque RANDOM N genera un número entre 0 y N-1. Ahora necesitamos una función que genere la operación:

```
TO GUESS
MAKE "NUM1 GETNUM
MAKE "NUM2 GETNUM
MAKE "TRIAL GETNUM
MAKE "ANSWER :NUM1 * :TRIAL + :NUM2
```

```
PRINT (SENTENCE :NUM1 [* BOX +] :NUM2 [=] :ANSWER)
GETBOX
END
```

Por último, nos falta la función GETBOX para preguntar al usuario por el número:

```
TO GETBOX
QUESTION [WHAT IS BOX?]
IF ANSWER = :TRIAL [PRINT [GREAT! YOU GOT IT!]
STOP]
GETBOX
END
```

Así, su ejecución presenta una fórmula y nos hace la pregunta, debemos responder y en caso de acertar, nos da el mensaje y se acaba la ejecución del programa:

```
GUESS
5 * BOX + 10 = 35
WHAT IS BOX?
5
GREAT! YOU GOT IT!
```

20.7. Los dialectos de LOGO

Hay un proyecto que intenta recolectar todos los dialectos de LOGO (Boytchev, 2010) cuya última revisión (1.78) consta que es de 2010 y recoge 246 dialectos de LOGO. Existen dialectos para muchas y muy diferentes plataformas y de muchas y muy diversas formas. La gran explosión de dialectos se ven en el gráfico cronológico que sucedió en la década de 1980 y 1990.

Desgraciadamente, el autor original del proyecto dejó de actualizar la lista y el dominio (elica.net) dejó de estar disponible para mantener el proyecto.

No obstante, los dialectos de LOGO son muy diferentes entre sí. Entre los diferentes dialectos se respeta el espíritu y tienden a ser similares pero los hay tan diferentes como TurtleScript por ejemplo que tiene orientación a objetos, StarLogo que se enfoca en la programación paralela y basada en eventos o NetLogo que dispone de estructuras de datos más complejas asemejándose más a Python o Smalltalk que a LOGO.

Esta diferencia radica en la falta de un estándar. Ha habido intentos de estandarizar a través de la implementación concreta de LOGO o a través de documentación como la indicada en el libro *Computer Science Logo Style* (Harvey, 1997).

Aunque no existe un estándar formal como en otros lenguajes de programación, las versiones clásicas han definido los comandos y la estructura que la mayoría de implementaciones de LOGO siguen formando las bases de un consenso derivado de estas versiones iniciales que se toma como consejo pero no como ley.

20.8. El futuro de LOGO y sus influencias

El trabajo de Papert marcó muchas iniciativas en las siguientes décadas, lenguajes como Scratch se derivan del trabajo llevado a cabo con LOGO y Lego Mindstorms se deriva de la idea marcada por Papert en su libro *Mindstorms* (Papert, 1980) donde se menciona su trabajo con LOGO, sus ideas sobre la enseñanza de la computación y en general para niños y expone algunas ideas sobre Inteligencia Artificial.

El lenguaje puede ser empleado hoy en día tanto en GNU/Linux, como en Windows o Mac e incluso hay versiones en línea para poder utilizarlas desde el navegador. Hoy en día supone un recurso interesante para introducir a cualquier persona en la tecnología y más específicamente en el mundo de la programación.

LOGO puede verse más como un concepto, una idea de cómo iniciarse en la programación y aunque cada época ha tenido un lenguaje de programación fácil (hemos tratado en este libro algunos ejemplos), no deja de ser un buen punto de partida para un nivel básico e inicial que evitar abrumar a los principiantes.

[1] We do have military brats!

Capítulo 21. REFAL inteligencia artificial y concordancia

> El significado de la vida humana reside en la transformación del nivel evolutivo del individuo al de la especie.
>
> — Valentin Turchin

Valentin Turchin nació el 14 de febrero de 1931 en la ciudad de Podolsk, en la entonces Unión Soviética o [URSS]. Desde una edad temprana, mostró un interés profundo por las ciencias y las matemáticas, un interés que sería moldeado por su entorno en la URSS, un país en el que la ciencia y la tecnología eran vistas como herramientas clave para el progreso (tal y como vimos en la Sección 20.1 del Capítulo 20). A medida que crecía, Turchin no solo fue testigo de la rápida evolución tecnológica de su tiempo, sino que también se vio inmerso en un sistema educativo que fomentaba el rigor intelectual y la innovación.

Tras completar su educación superior, Turchin se dedicó a la investigación en física y cibernética, un campo emergente en la época que combinaba elementos de la biología, la ingeniería y la teoría de la información. Sin embargo, fue en el campo de la informática donde hizo algunas de sus contribuciones más duraderas. Fascinado por la capacidad de las máquinas para procesar símbolos y realizar cálculos complejos, Turchin comenzó a explorar cómo los lenguajes de programación podían evolucionar para facilitar el procesamiento simbólico, un tema crucial para la inteligencia artificial y la teoría de sistemas.

Este interés lo llevó a desarrollar [REFAL] (Recursive Functions Algorithmic Language), un lenguaje de programación diseñado específicamente para la manipulación de estructuras de datos simbólicas. REFAL se destacó por su enfoque en la recursividad y su capacidad para facilitar la programación funcional, convirtiéndose en una herramienta valiosa para los investigadores en informática y aquellos interesados en la inteligencia artificial.

21.1. El nacimiento de REFAL

Valentin Turchin, un brillante científico e informático, se encontraba en la Unión Soviética de los años 60, inmerso en el vibrante y emergente campo de la inteligencia artificial. Durante sus investigaciones, se topó con un desafío que comenzó a ocupar sus pensamientos: el procesamiento simbólico. Las computadoras de la época, aunque capaces de realizar cálculos numéricos con gran precisión, mostraban limitaciones significativas cuando se trataba de manipular símbolos y expresiones complejas, fundamentales en áreas como la lingüística computacional y la inteligencia artificial.

Turchin se dio cuenta de que los lenguajes de programación disponibles, como LISP, aunque pioneros en la manipulación simbólica, no ofrecían la eficiencia ni la claridad que él consideraba necesarias para resolver los problemas más complejos que enfrentaba. La recursividad, una herramienta poderosa para procesar datos jerárquicos, resultaba clave para sus investigaciones, pero los enfoques tradicionales no explotaban su potencial de la manera en que él imaginaba.

A medida que Turchin profundizaba en su trabajo, empezó a sentir una creciente insatisfacción con las soluciones existentes. LISP, con su flexibilidad, le permitía experimentar con la recursividad, pero pronto comprendió que necesitaba algo más específico, un lenguaje que pudiera manejar patrones de manera directa y eficiente, un lenguaje diseñado desde sus cimientos para la manipulación simbólica.

Fue entonces cuando Turchin, impulsado por su necesidad de superar estas limitaciones, decidió tomar cartas en el asunto. Si los lenguajes existentes no podían ofrecer lo que él necesitaba, entonces tendría que crear uno propio. Se embarcó en la ambiciosa tarea de diseñar un lenguaje de programación que abordara directamente los desafíos que había identificado. Este lenguaje debía ser capaz de manejar recursivamente expresiones simbólicas y transformar estructuras complejas con facilidad.

Así nació [REFAL] (Recursive Functions Algorithmic Language) en 1966. Turchin lo diseñó como una herramienta donde las funciones recursivas y las reglas de reescritura de patrones ocupaban un lugar central. REFAL no solo permitía la manipulación de símbolos de manera eficiente, sino que también ofrecía una solución elegante a los problemas que habían frustrado a Turchin en sus investigaciones anteriores.

21.2. Influencias de REFAL

LISP fue una de las grandes influencias de REFAL por conceptos clave como la evaluación de expresiones simbólicas y el uso extensivo de listas y funciones recursivas. Turchin se inspiró en estas ideas incorporando un fuerte enfoque en la recursividad y la manipulación simbólica. Sin embargo, REFAL adoptaba una sintaxis y un modelo de evaluación que mejoraba la eficiencia y claridad en la manipulación de patrones complejos.

Gran parte de esta claridad en su sintaxis se debe a su influencia por parte de ALGOL-60.

Por último, aunque no por ello menos importante, SNOBOL influenció el desarrollo de REFAL en cuanto al procesamiento de cadenas y patrones simbólicos, permitiendo a REFAL manejar patrones simbólicos de manera efectiva y realizar transformaciones simbólicas directas.

21.3. El lenguaje

Hay quien dice que el lenguaje Perl puede haber sido influenciado por REFAL para la creación de sus expresiones regulares, pero este hecho no se ha demostrado ni ha sido constatado en ninguna fuente. No obstante, revisaremos algunos trozos de código de REFAL y explicaremos qué hacen para concretar cómo funcionaba este lenguaje de programación cuando fue concebido.

Por ejemplo, un código para saber si una cadena de texto es palíndromo, es decir, tomando el centro de la cadena desplazándonos el mismo número de posiciones a derecha e izquierda encontraremos siempre el mismo carácter. La palabra *rallar* es un palíndromo porque partiendo la palabra en 2 tenemos *ral* y *lar* que en espejo son idénticas.

El código basado en concordancias sería el siguiente:

```
Pal { = True;  ①
    s.1 = True;  ②
    s.1 e.2 s.1 = <Pal e.2> ;  ③
    e.1 = False;  }  ④
```

① Si no hay parámetros, se retorna True.

② Si solo hay un carácter, se retorna True.

③ Si disponemos de un carácter al inicio que concuerda con el carácter al final s.1 hacemos recursividad con el resto de la cadena llamando a <Pal e.2>.

④ En caso de no concordar con ninguna de las anteriores entonces la cadena no es un palíndromo.

La ejecución con la palabra rallar en la pila de llamadas sería algo como:

```
<Pal 'rallar'>
```

```
<Pal 'alla'>
<Pal 'll'>
<Pal >
True
```

Por lo que podemos ver cómo realiza la ejecución recursiva haciendo concordancia en cada ejecución y retornando finalmente True. Si usamos una palabra diferente que no sea un palíndromo obtenemos:

```
<Pal 'anima'>
<Pal 'nim'>
False
```

En este caso no hay concordancia con los primeros patrones y por tanto solo queda el patrón general y último retornando el valor False.

21.4. Emigración a Estados Unidos

En 1973, Turchin fundó la sección moscovita de Amnistía Internacional junto con Andrei Tverdokhlebov y colaboraba estrechamente con el conocido físico y disidente soviético Andrei Sakharov. En 1974 perdió su puesto en el Instituto y fue perseguido por el KGB. Ante la casi segura condena de prisión, él y su familia se vieron obligados a emigrar de la Unión Soviética en 1977.

Fue a Nueva York donde se incorporó al cuerpo docente del City College en 1979 y fue cuando publicó y dio a conocer REFAL (Turchin, 1979) en inglés, ya que la primera publicación sobre REFAL fue realizada en ruso en 1966.

21.5. REFAL y la URSS

El uso de REFAL fue principalmente en la Unión Soviética porque no consiguió una gran aceptación en general. En la década de 1990 y tras la caída de la Unión Soviética el uso de este lenguaje fue residual y no hay datos de que se desarrollasen versiones de este lenguaje para entornos surgidos a partir de esta década como Windows, GNU/Linux o Mac.

REFAL representa un fascinante capítulo en la evolución de los lenguajes de programación y aunque su uso no fuese generalizado, su influencia en los principios que empleó y en las mentes que inspiró crearon un impulso en el campo del diseño de los lenguajes de programación. A través de REFAL, Turchin abordó las limitaciones técnicas de su época abriendo una línea de investigación en torno al procesamiento de la lógica simbólica y la concordancia de patrones que ya se comenzó con otros lenguajes como SNOBOL y continuaría en el futuro con muchos otros.

Capítulo 22. FORTH y la cuarta generación de lenguajes

> FORTH es un amplificador. Un buen programador hará un trabajo fantástico con FORTH; un mal programador hará uno desastroso.
>
> — Charles H. Moore

En 1993 se celebró una reunión para hablar sobre la Historia de los Lenguajes de Programación. Una de las referencias (Rather etal., 1993) fue la sesión número 13 (XIII) presentada por sus creadores, Elizabeth D. Rather, Donald R. Colburn y Charles H. Moore.

Su introducción señaló a FORTH como un lenguaje único porque su desarrollo y proliferación no contó con el respaldo de ninguna empresa ni institución importantes y fue desarrollado inicialmente por una sola persona: Charles H. Moore.

22.1. Charles H. Moore

Al igual que John Backus, Charles H. Moore comenzó su carrera profesional trabajando en el cálculo de efemérides, elementos orbitales y posiciones de los satélites naturales en el Observatorio Astrofísico de Smithsonian en la década de 1950.

La programación de estos elementos rellenaba su escritorio con gran cantidad de tarjetas perforadas y ante la necesidad de hacer su tarea más liviana desarrollo un programa intérprete simple. Con este intérprete podía componer diferentes ecuaciones para diferentes satélites sin necesidad de tener que recompilar. Este intérprete disponía de diferentes comandos y conceptos como un comando para leer *palabras* separadas por espacios y uno para convertir números en formato texto a código máquina además de un bloque condicional IF..ELSE.

Figura 37. Charles Moore

Moore descubrió que la entrada de texto en formato libre era más eficiente produciendo código más pequeño y rápido y más confiable que la forma de programar en FORTRAN empleando columnas fijas.

En 1961, Moore se licenció en Física en el MIT y entró en la escuela de postgrado de Stanford donde también aceptó un trabajo a tiempo parcial en el Acelerador Lineal de Stanford [SLAC], escribiendo código para optimizar la dirección del haz del acelerador de partículas de 2 millas.

Este nuevo puesto de trabajo fue ideal para poder continuar su trabajo con el intérprete. En el SLAC disponían de un programa llamado CURVE, desarrollado en ALGOL para ajustar los datos de corrección diferencial no lineal de propósito general. Su intérprete le ayudó a manejar este programa. Para ello mejoró su intérprete para permitir el uso de parámetros a través de una pila de llamadas, variables, operadores aritméticos y de comparación y la definición e interpretación de procedimientos.

Una vez terminó su postgrado (1965) se trasladó a Nueva York donde comenzó a trabajar como autónomo programando en FORTRAN, ALGOL, JOVIAL, PL/I y varios ensambladores mientras seguía mejorando y trabajando en su intérprete. De hecho, llevaba a todas partes su *baraja de cartas*, una colección de tarjetas perforadas donde tenía el código de su intérprete usándolo como base para recodificarlo cuando fuese necesario.

A finales de la década de 1960 aparecieron las minicomputadoras y con ellas los terminales teletipo por lo que ya no era necesario trabajar con tarjetas perforadas. Moore agregó entonces a su intérprete operaciones para gestionar la entrada y salida de caracteres.

En 1968 tras casarse y mudarse a una ciudad más pequeña, Amsterdam, en el estado de Nueva York, entró a trabajar para la empresa Mohasco Industries donde desarrolló programas de gráficos informáticos para una computadora IBM 1130 con pantalla gráfica usando un compilador de FORTRAN.

Moore consiguió implementar a través de una mezcla de FORTRAN y ensamblador un editor primitivo y herramientas para la gestión de fuentes en un sistema que permitía mostrar imágenes animadas en 3D mientras que el software diseñado por IBM solo podía dibujar imágenes estáticas en 2D.

Por diversión también implementó una versión de Spacewar, uno de los primeros videojuegos y convirtió su programa ALGOL Chess (ajedrez) al nuevo lenguaje al que finalmente bautizó como FORTH.

22.2. FORTH

El lenguaje FORTH tenía como objetivo el desarrollo de software para la cuarta generación de computadoras que Moore consideraba que se caracterizarían por ser pequeñas computadoras distribuidas y por ese motivo aunque el nombre original era FOURTH tuvo que eliminar la *U* porque el nombre de los ficheros se limitaba a 5 caracteres.

Los computadores como el IBM 1130 disponían de unos programas específicos para poder ejecutar el código hecho en FORTRAN. Específicamente FORTRAN disponía del ensamblador para definir el compilador y el supervisor y a su vez el supervisor para especificar el lenguaje de control de tareas. Esta jerarquía de lenguajes queda fuera de la vista de los programadores, pero sigue ahí. Moore tomó conciencia de que FORTRAN no aprovechaba la potencia completa del IBM 1130 y fue cuando amplió su lenguaje.

Moore desarrolló FORTH para atender a las necesidades propias y por la frustración de no encontrar óptima toda esa jerarquía de lenguajes constituyendo para él una *torre de Babel* difícil de entender. Por ese motivo FORTH sustituía toda esa jerarquía para simplificar la comunicación entre el programador y la máquina.

Su objetivo se centró en **reducir el esfuerzo requerido y aumentar la calidad del programa producido** (Moore, 1970):

> He escrito muchos programas a lo largo de los años. He intentado escribir buenos programas y he observado la forma en que los escribo de manera bastante crítica. Mi objetivo ha sido reducir el esfuerzo requerido y aumentar la calidad del producto. En el transcurso de estas observaciones, me he encontrado cometiendo los mismos errores una y otra vez. Errores que son obvios en retrospectiva, pero difíciles de reconocer en contexto. Pensé que si escribía una receta para la programación, al menos podría recordarme los problemas. Y si el resultado es valioso para mí, debería serlo para otros [...]

Los principios clave de Moore pueden resumirse en los siguientes puntos:

Simplicidad

Uno de sus principios clave. El gran problema de los lenguajes de programación es su evolución, cada vez que se agrega una nueva característica debe revisarse su conjunto y estimar si el conjunto funciona y no se ha hecho más complejo, si mantiene una compatibilidad y coherencia entre todas y cada una de sus partes.

No especular

Uno de los grandes enemigos de Moore era la especulación y consideraba a este enemigo un gran problema entre los programadores porque siempre intentan especular sobre necesidades futuras y satisfacerlas.

Flexible

Es esencial contar con un sistema flexible. Un sistema que puede realizar cualquier cosa lo cual es muy diferente al enfoque de dejar abiertas ciertas partes del propio código en espera de cambios. Mientras que el primero, el enfoque utilizado por Moore, permite hacer de *todo*, el segundo termina generando un sistema enorme de propósito general poco flexible y difícil de manejar.

Hazlo tú mismo

Las generalidades no eran del agrado de Moore. Moore consideraba óptimo realizar el código que necesites al momento de necesitarlo sin agregar generalidades que no se llegarán a usar más allá de lo realizado. Es más, aseguraba que escribir mil veces la misma subrutina ayuda al programador a hacerlo cada vez mejor.

Este último punto se contradice con el uso de librerías estándares pero Moore en realidad habla en este punto de la elaboración del lenguaje de programación, de su compilador y su implementación.

Moore llevó de forma recta y sin desviaciones su propia doctrina implementando desde cero y sin copiar código de una plataforma de computación a otra su código de FORTH. Realizó la implementación de 18 plataformas diferentes y para cada una implementó su propio compilador, sus propios controladores de disco, terminal e incluso sus propias subrutinas de multiplicación y división para sistemas que no dispusieran de estas en su código ensamblador. De hecho eran la mayoría.

Este era un reflejo de su inconformismo y no estar completamente satisfecho con su trabajo anterior de modo que siempre buscaba formas de hacerlo mejor en la siguiente vez y por eso prefería hacer una implementación desde cero de cada código hecho por sí mismo y ver si podía mejorar algo. Este inconformismo sería una fuente de frustración para Elizabeth Rather en FORTH, Inc. pero no nos adelantemos.

FORTH resultó ser gracias a estas iteraciones en código un sistema pequeño, simple, limpio y extremadamente flexible.

22.3. Elisabeth Rather

La primera implementación de FORTH se llevó a cabo en 1971 para un radiotelescopio de 11 metros del Observatorio Nacional de Radioastronomía [NRAO] en Kitt Peak, Arizona. Este telescopio funcionaba con dos minicomputadoras de [DEC] enlazadas por puerto serie: una DDP-116 de 16KB y una H316 de 32KB.

Las actividades del telescopio eran:

- Apuntar y rastrear el telescopio.

- Recolectar datos y registrarlos en una cinta magnética.

- Brindar soporte a una terminal gráfica interactiva para analizar los datos registrados previamente.

El sistema era único para la época porque el programa también se almacenaba en la cinta magnética e incluso se auto-abastecía leyendo más código en caso de ser indicado. Esto era posible porque FORTH estaba escrito en FORTH, era un lenguaje que podía compilarse a sí mismo con la ayuda de una unidad mínima inicial.

Las capacidades de multiusuario que permitía a los astrónomos de NRAO para analizar gráficamente los datos mientras un operador controlaba el telescopio y los datos fluían en vivo era algo inaudito en la época. Pero el problema de Edward K. Conklin, jefe de la división de Tucson de NRAO era que el software era desarrollado por Moore desde Charlottesville, Virginia. Así que contrató a Elizabeth Rather.

Elizabeth Rather era una analista de sistemas de la Universidad de Arizona que aceptó un trabajo a tiempo parcial en el NRAO. Cuando Rather escuchó que el telescopio era operado con un lenguaje poco o nada documentado que tan solo conocía una persona, su creador, se horrorizó y su primer impulso fue reescribirlo todo en FORTRAN, pero no había ni tiempo ni dinero por lo que se decidió a aprender y documentar el sistema lo mejor que pudo.

Después de dos meses, Rather comenzó a darse cuenta de algo asombroso. A pesar de la rareza del lenguaje, a pesar de la falta de expertos o recursos locales, en tan solo la mitad de la semana utilizando FORTH podía hacer mucho más que en el resto de la semana utilizando mainframes mucho más potentes a los que tenía acceso. La respuesta al porqué parecía obvia, la atención del programador no se ve interrumpida en ningún momento por la necesidad de abrir y cerrar archivos, cargar y ejecutar: compiladores, enlazadores, cargadores y depuradores. Todo es más flexible en FORTH y está siempre disponible.

Figura 38. Elizabeth Rather

Rather abandonó inmediatamente la Universidad y se dedicó en exclusiva al NRAO y durante los dos años siguientes (1973) escribió el manual de FORTH llegando a propagarse su fama y su uso en sitios como el Observatorio Steward, el MIT, el Imperial College (Londres), el Observatorio Interamericano de Cerro Tololo (Chile) y la Universidad de Utrecht (Países Bajos). Su uso fue tal que se adoptó oficialmente como lenguaje estándar por la Unión de Astronómica Internacional (1976).

Pero antes de este último evento, Moore, Rather y Conklin formaron la compañía FORTH, Inc. para explorar los usos comerciales del lenguaje. En 1976 desarrollaron versiones comerciales del lenguaje para la mayoría de minicomputadoras y tomaron como clientes a todos sus usuarios, observatorios principalmente.

Cuando un cliente adquiría una máquina, inicialmente algunas de ellas venían con muchas limitaciones y las que proporcionaban un sistema operativo de fábrica estaban aún así muy limitadas a nivel multiusuario degradándose enormemente con tan solo 8 usuarios. Cuando Moore y sus colegas instalaban FORTH muchas de estas limitaciones desaparecían o se ampliaban permitiendo a los usuarios utilizar un editor de alto nivel con posibilidad de escribir código en FORTH y Ensamblador soportando hasta 64 usuarios.

Agregar FORTH a una nueva máquina le llevaba a Moore unas dos semanas porque gran parte del código de FORTH estaba escrito en FORTH, solo las partes críticas del sistema o las que requerían un gran rendimiento estaban en ensamblador.

A lo largo de 1970, FORTH Inc. fue creciendo y se comenzaron a portar incluso a los primeros microprocesadores.

22.4. El lenguaje

FORTRAN se basa en el álgebra mientras que FORTH se basa en la prosa inglesa, aunque hay quien piensa que más bien podría ser a la prosa alemana por su notación posfija. Sus elementos (palabras) son datos (sustantivos) y procedimientos (verbos), permitiendo definir nuevos verbos a través de palabras reservadas e incrustar código ensamblador.

Las palabras de FORTH son equivalentes a las subrutinas, funciones o procedimientos de otro tipo de lenguajes. Las palabras también pueden constituir comandos porque FORTH difumina la distinción entre elementos lingüísticos y elementos funcionales.

FORTH identifica las palabras como cualquier cadena de caracteres rodeada por espacios. No hay caracteres especiales. Las palabras pueden ser de tres tipos: definidas por Forth, números y no definidas.

Veamos un programa en FORTH para ilustrar lo que llevamos comentado (Brodie, 1981):

```
: STAR 42 EMIT ;  ①
ok  ②

CR STAR CR STAR CR STAR  ③
*
*
*ok  ④

: MARGIN CR 5 SPACES ;  ⑤
ok

MARGIN STAR MARGIN STAR  ⑥
    *
    *ok  ⑦

: STARS 0 DO STAR LOOP ;  ⑧
```

```
ok

5 STARS
*****ok  ⑨
```

① Definimos una nueva palabra usando : para que se emita el carácter 32 cada vez que usemos STAR.

② Siempre que ejecutemos un comando obtendremos una salida y el resultado, en este caso ok.

③ Así indicamos que queremos ejecutar palabras CR que es el retorno de carro y STAR.

④ Como siempre obtenemos nuestro retorno tras la salida de la ejecución de esos 3 CR y 3 STAR combinados.

⑤ Definimos ahora MARGIN que nos dará 5 espacios (SPACES).

⑥ Probamos a ejecutar 2 MARGIN y 2 STAR combinados.

⑦ Nos retorna 5 espacios, una estrella, 5 espacios y una estrella acabando con ok.

⑧ Definimos ahora STARS como un bucle para imprimir estrellas comenzando desde 0 el bucle.

⑨ Indicamos el valor máximo del bucle al emplear la palabra.

Este lenguaje como ves guarda relación más con otros lenguajes como BASIC y LOGO pero presenta una forma muy simple. En el caso del bucle puedes ver que no está definido completamente sino que su valor máximo se proporciona cuando se emplea la definición.

La forma de funcionamiento como decíamos se basa en un diccionario donde se van almacenando las palabras de que dispone FORTH y las palabras que vamos definiendo. Si una palabra no está en el diccionario se genera un error.

Los cálculos sin embargo son diferentes, es decir, como hemos visto las palabras se procesan y los números son un tipo específico de palabras que no hace falta definir. Se emplean principalmente como parámetros, pero ¿Cómo hacemos los cálculos?

```
3 4 + . ①
7 ok ②

: FOUR-MORE 4 + ; ③
ok

3 FOUR-MORE . ④
7 ok
```

① En este caso se usa la pila poniendo en ella el 3, luego el 4 y finalmente se ejecuta la suma (+). El comando del punto (.) es el encargado de dar por finalizada la operación y retornar lo que haya en la pila.

② Como vemos, el resultado es 7.

③ La pila es general por lo que una función puede empujar un elemento en la pila y acto seguido realizar la suma como función.

④ Al ejecutar vemos que inicialmente ponemos 3 en la pila y después ejecutamos FOUR-MORE que se encarga de poner 4 y después ejecutar la suma obteniendo exactamente el mismo resultado.

22.5. Problemas con FORTH

Tal como reza la frase de apertura. El creador de FORTH consideraba al lenguaje como un gran lenguaje para buenos programadores permitiendo escribir programas en muy poco tiempo pero también una muy mala opción para malos programadores porque los resultados podrían ser desastrosos. Esto llevo a la idea de pensar de FORTH que era inmanejable con algo de publicidad negativa en la década de 1980 con el desastre del proyecto VALDOCS de Epson.

En realidad, los problemas de estos proyectos hubiesen sido similares con otros lenguajes porque eran comunes: definición inadecuada, una administración del proyecto pobre y expectativas poco realistas.

Aunque FORTH es un lenguaje que se puede seguir encontrando en la actualidad, su auge fue principalmente en la década de 1970 y 1980 y ahora está muy restringido a proyectos específicos, principalmente embebidos, robótica, control industrial y la exploración espacial. Al igual que LOGO constituye el ejemplo de un lenguaje que no ha desaparecido pero que es muy difícil de encontrar hoy en día.

Capítulo 23. Lenguaje B

> [B tiene] las semánticas de BCPL con un montón de sintaxis SMALGOL.
>
> — Ken Thompson

Podríamos dar este capítulo como una continuación al Capítulo 12 porque continúa precisamente a partir de la creación de [BCPL] en los Laboratorios Bell junto a Ken Thompson y Dennis Ritchie.

El sistema operativo Multics estaba siendo construido pero Thompson tuvo una idea.

Thompson quería crear un entorno de computación cómodo construido acorde a su propio diseño, usando cualquier medio que tuviese a su alcance (Ritchie, 1993). Incorporó muchos de los aspectos innovadores de Multics, incluyendo una notación explícita de un proceso como punto de control, un sistema de ficheros estructurado como un árbol (jerárquico), un intérprete de comandos como programa a nivel de usuario, representación simple de ficheros de texto y acceso generalizado a los dispositivos.

Otro de los elementos pioneros del desarrollo de Multics que adoptaron fue su construcción a través de un lenguaje de alto nivel. Sin embargo, PL/I (ver el Capítulo 16) no era un lenguaje que gustase en los Laboratorios Bell. En Bell empleaban otros lenguajes como BCPL y lamentaban perder las ventajas de escribir programas en un lenguaje por encima del ensamblador: **con facilidad para ser escrito y claridad para ser entendido.**

El desarrollo del nuevo sistema fue desarrollado en una máquina muy pequeña incluso para la época (DEC PDP-7) y empleando ensamblador inicialmente. Así fue como fue creando su sistema Unix.

 Aunque hemos dicho el nombre Unix muy a la ligera, en verdad el nombre no sería dado al sistema hasta 1970 cuando los Laboratorios Bell salieron del proyecto Multics y decidieron apostar por este sistema hecho por Thompson en ayuda de sus compañeros. Brian Kernighan sería el responsable de que el sistema fuese conocido como Unix.

23.1. El Desarrollo de Unix

Thompson comenzó escribiendo el código de Unix en una máquina mayor para poder emplear un conjunto de macros del lenguaje ensamblador GEMAP de General Electric para la máquina GE-635. Un programa post-procesador se encargó de generar el código en una cinta de papel para el PDP-7.

El desarrollo fue realizado de esta forma hasta disponer de un núcleo primitivo, un editor, un ensamblador, un intérprete de comandos y algunas utilidades como `rm`, `cat` o `cp`. Llegado a este punto el sistema era auto-suficiente y el desarrollo podía hacerse completamente sobre el PDP-7.

El ensamblador de Thompson superó en simplicidad al propio ensamblador del PDP-7 evaluando expresiones y generando los bits pertinentes. El proceso era muy simple, se escribía el programa al completo en ensamblador y se generaba el ejecutable.

 Cuando compilamos en entornos tipo Unix y no especificamos un nombre de salida se elige `a.out` como la salida del programa ensamblador que es una reminiscencia del ensamblador (*assembler*) original de Thompson.

El sistema Unix comenzó a ganar popularidad dentro de los Laboratorio Bell y pronto comenzarían a realizar aportaciones. Doug McIlroy en 1969 proporcionó el primer lenguaje de alto nivel para el sistema, una implementación de [TMG] de McClure. Como ya contamos, McClure ayudó a la construcción del compilador PL/I para Multics (ver el Capítulo 16).

Ante la hazaña de reproducir TMG en el sistema Unix, Thompson decidió que había que proporcionar un lenguaje de programación de sistemas para Unix.

23.2. De BCPL a B

El primer intento de Thompson fue tratar de crear una versión de FORTRAN para su sistema. Fue un fracaso demasiado rápido. Se decidió entonces a crear un lenguaje propio. Para ello se fijó en el lenguaje BCPL que ya conocía y se propuso a emplearlo como base. De hecho, Ritchie escribió (Ritchie, 1993):

> B puede considerarse como C sin tipos; más exactamente, es BCPL comprimido en 8KB de memoria y filtrado a través del cerebro de Thompson.
>
> — Dennis Ritchie

El nuevo lenguaje recibió el nombre de lenguaje B, quizás por una contracción de BCPL, aunque hay una teoría alternativa que dice derivar de Bon, un lenguaje no relacionado creado por Thompson durante la época de Multics. Bon a su vez recibió el nombre de su esposa Bonnie o según una cita de una enciclopedia en su manual, puede derivar de una religión cuyos rituales implican la murmuración de fórmulas mágicas.

Tanto BCPL como B encajan perfectamente en la familia procedural y tradicional tipificada por FORTRAN y ALGOL-60. Ambos lenguajes están orientados a la programación de sistemas, son pequeños y se describen de forma compacta además de que son ideales para una traducción por parte de compiladores simples.

Son lenguajes *próximos a la máquina* en el sentido de que las abstracciones que introducen se basan fácilmente en los tipos de datos y operaciones concretos suministrados por las computadoras convencionales y se basan en rutinas de biblioteca para la entrada/salida y otras interacciones con un sistema operativo.

Además, sus abstracciones se encuentran en un nivel suficientemente alto para portar con éxito y cuidado el código escrito entre máquinas.

23.3. El lenguaje

Como dijimos en el Capítulo 12 sobre [BCPL], este lenguaje se simplificó empleando diversidad de símbolos y comenzó a asentar las bases de una sintaxis que compartía con ALGOL en cierta forma. En este lenguaje puede verse los paréntesis siendo usados para definir los argumentos de las funciones así como pasar los parámetros en su llamada, el punto y coma ; para separar las expresiones que se suceden en el mismo bloque de código e incluso las llaves ({ }) para delimitar estos bloques.

En este lenguaje ya podemos ver la suma +, resta -, multiplicación *, división / y módulo % con los símbolos que en mayor medida se convinieron para la mayoría de lenguajes de programación y un principio de definición de variables, aunque aún sin tipos.

Comencemos viendo un trozo de código para después explicar algunas de sus particularidades (Thompson, 1972):

```
printn(n, b) { ①
    extrn putchar; ②
    auto a; ③

    if (a = n / b) ④
        printn(a, b); ⑤
    putchar(n % b + '0'); ⑥
```

```
    }
```

① Definimos la función `printn` que se encargará de imprimir un número n según su base numérica b.

② Especificamos que `putchar` es una función definida fuera del ámbito de la función actual.

③ Aquí `auto` indica el almacenamiento para la variable y que queremos se elija automáticamente.

④ La condición debe dar un número diferente de 0 para entrar en el bloque de `if`. En este caso la expresión es una asignación.

⑤ Si la división entre la base no da 0 hacemos recursividad sobre el número dividido entre la base.

⑥ Por último, imprimimos el carácter haciendo módulo (resto o remanente) con la base.

Puedes observar que el código no es difícil y es parecido a los bloques de código vistos con ALGOL (ver el Capítulo 3). Incluso en el bloque condicional `if` podemos ver que no se abre ningún bloque usando llaves ({, }) porque es un bloque de una única expresión.

23.4. Dennis Ritchie

Dennis Ritchie nació en Brownsville, Nueva York. Su padre Alistair E. Ritchie trabajó durante mucho tiempo en los Laboratorios Bell y fue autor del libro *The Design of Switching Circuits* (*El Diseño de Circuitos de Conmutación*) acerca de la teoría de conmutación de circuitos.

Dennis Ritchie fue a la Universidad de Harvard y obtuvo una licenciatura en Física y Matemáticas Aplicadas en 1963. No fue hasta 1967 que comenzó a trabajar para los Laboratorios Bell igual que hiciera su padre anteriormente.

La llegada de Ritchie a los laboratorios fue determinante para el desarrollo de algunos proyectos como Unix y el avance del lenguaje B. Al principio estos elementos se desarrollaban en privado y para uso personal de Thompson y el personal de los laboratorios, principalmente para videojuegos, pero llegó un momento en que el sistema era tan bueno que ya no lo querían para jugar sino para trabajar con él.

Figura 39. Dennis Ritchie

En 1968, Dennis Ritchie completó su disertación para obtener su doctorado bajo la supervisión de Patrick C. Fisher, sin embargo, Ritchie nunca obtuvo oficialmente su doctorado porque no cumplió un requisito, entregar su disertación en la biblioteca de la Universidad.

 El Museo de Historia de la Computación (CHM) se propuso la tarea de encontrar esta disertación (Brock, 2020) hablando con los familiares tanto de Dennis Ritchie como de Patrick Fisher, no fue fácil pero cuando Ritchie falleció, sus hijos entregaron todo el material de computación de su padre y entre el material había una copia de esta disertación que fue inmediatamente digitalizada (Ritchie, 1968).

23.5. Evolución a C

Aunque hasta este punto puede parecer que el lenguaje fue única y exclusivamente desarrollado por Ken Thompson, hay que entender que en los Laboratorios Bell, el desarrollo de nueva tecnología se hacía en conjunto, aunque alguien llevase la iniciativa y aportase una solución, la mayoría del personal aportaba ideas, código y correcciones, por lo que sería injusto atribuir todo el logro a una sola y única persona.

El desarrollo del lenguaje B partió de una idea inicial de Ken Thompson pero se benefició de muchas aportaciones de McIlroy, McClure, Kernighan e incluso en última instancia del propio Ritchie.

En 1971, Ritchie tomó la iniciativa y realizó cambios en el compilador del lenguaje B y tras hacer algunas agregaciones como la definición de tipos, cambió el nombre del lenguaje a *nuevo B* (NB) y más tarde se quedaría con el nombre de C. Este logro no habría sido posible sin la iniciativa previa de Thompson desarrollando inicialmente B, ni de McIlroy y McClure proporcionando las herramientas que haría posible escribir B e incluso no sería tan conocido sin Kernighan y su forma de escribir y transmitir las maravillas del lenguaje.

Pero no avancemos tanto, el desarrollo del lenguaje C es algo que sucedió a principios de la década de 1970 y partió de la base y éxito del lenguaje B. El lenguaje B en sí no dejó de existir si consideramos al lenguaje C como una versión mejorada y ampliada del mismo. Si por el contrario consideramos estos lenguajes como diferentes, entonces sí podemos decir que el lenguaje B tuvo un éxito fugaz y que influenció enormemente el desarrollo del lenguaje C.

Capítulo 24. PILOT

> La elegancia, la flexibilidad, la facilidad de uso y la facilidad de acceso a la mayoría de las ingeniosas características del Commodore 64 hacen de Vanilla PILOT un segundo lenguaje muy sabroso.
>
> — Henry F. Beechhold

Así finalizaba un artículo (Beechhold, 1993) hablando sobre Vanilla PILOT en la década de 1980. Este lenguaje fue una referencia para la implementación de lecciones de aprendizaje para alumnos dejando de lado los libros, pero sus inicios fueron en la década de 1960, específicamente en 1962 cuando el Doctor John Amsden Starkweather, un profesor de psicología de la Universidad de California, desarrolló un programa simple para automatizar pruebas de aprendizaje llamado COMPUTEST.

Con este programa comenzó un movimiento bajo las siglas [CAI] *Computer-Aided Instruction* o Instrucción Asistida por Computador que comenzó con COMPUTEST pero siguió con PILOT e influenció a otros lenguajes y sistemas.

24.1. John Amsden Starkweather

Nació el 30 de agosto de 1925 en Detroit, Michigan, Estados Unidos. Durante la Segunda Guerra Mundial sirvió en la Guarda Costera en Nueva Londres, Connecticut (of California, 1998).

Tras la guerra estudio en la Universidad de Yale y obtuvo su licenciatura en Arte en 1950, así como otro graduado en la Universidad de Northwestern en Psicología (1953) y su doctorado en Clínica Psicológica (1955) en la Universidad de California, en el campus de San Francisco donde fue asistente de investigación psicológica. Tras lo cual se dedicó a la enseñanza desde 1955 hasta su jubilación en 1992 y cuando fue nombrado profesor emérito.

Su actividad en la enseñanza se enfocó principalmente en la destreza para el diagnóstico psicológico a través de pruebas y consultas.

En 1962 se tomó un período sabático. Su énfasis era cambiar la forma del aprendizaje de habilidades clínicas a consulta de análisis de datos, investigar métodos y uso de computación. Tanto fue así para este último aspecto que fue nombrado director de la Oficina de Sistemas de Información del campus desde 1967 hasta 1992.

24.2. COMPUTEST

Starkweather escribió un artículo (Starkweather, 1967) mostrando a sus colegas la importancia de la enseñanza asistida por computador. Este artículo fue la culminación de sus pruebas y desarrollo de un programa o sistema conocido como COMPUTEST.

Starkweather señala en ese artículo que la enseñanza asistida por computador tiene ventajas especiales sobre otros medios como libros, vídeos, diapositivas o televisión. En el campo de la educación médica la instrucción automatizada es mejor en las siguientes situaciones:

1. Cuando es necesario enseñar procesos de toma de decisión complejos y secuenciales.

2. Cuando debe aprenderse a discriminar entre estímulos complejos.

3. Cuando una gran cantidad de alumnos necesitan adquirir información en momentos en los que no pueden ser atendidos debido al volumen del grupo.

Muchos aspectos de la educación médica tienen estas características según Starkweather.

Para realizar una prueba, el grupo de Starkweather puso a un estudiante de medicina frente a una terminal conectada a un pequeño computador. Se le pidió jugar el papel del paciente aquejado de un dolor en el pecho para ilustrar una situación particular y responder a las preguntas planteadas y presentes en la terminal tal y como haría un paciente. En la terminal se podía leer el primer texto:

> ENTIENDO QUE HAS TENIDO ALGO DE DOLOR EN TU PECHO. ¿CUÁNTO TIEMPO HACE QUE TUVISTE ESE DOLOR?

La terminal recibía el texto y esperaba en la siguiente línea por la respuesta. Cuando el estudiante terminaba de escribir su respuesta volvía a ser el turno del computador, buscando en su respuesta algo que pudiera dar una pista para el siguiente texto.

El programa que empleó Starkweather hizo posible realizar la programación de estas interacciones por personas que tenían interés en la materia pero que tenían poco o ningún conocimiento sobre computadores o programación.

La principal problemática en la programación viene cuando se proporciona un texto en lugar de una simple respuesta de sí o no, o incluso una respuesta eligiendo múltiples opciones delimitadas. Starkweather consideraba esta una característica deseable para un futuro en el que se pudiese tener una conversación *abierta* sin limitar las respuestas.

El programa en principio se basó en buscar palabras concretas dentro de la frase y actuar según esa palabra en concreto. Por ejemplo:

> Supongo que solo tengo que decir que estoy terriblemente desanimado.

En este ejemplo, la palabra *desanimado* es la palabra que haría disparar la siguiente frase a decir por parte del programa. En este artículo, Starkweather es consciente de otros programas que pueden simular conversaciones abiertas como el famoso programa ELIZA (ver la Sección 4.4 del Capítulo 4) pero consideraba ese enfoque no apropiado para sus metas.

24.3. PILOT

Entre 1962 y 1967, Starkweather estuvo involucrado en el desarrollo de COMPUTEST y escribió un documento (Starkweather, 1967). En este documento se menciona la necesidad de evolucionar y desarrollar un sistema que permita implementar una mejor lógica para detectar frases y poder generar una salida apropiada.

En 1968 fue cuando Starkweather publicó para el SDS 940 su lenguaje [PILOT] por sus siglas *Programmed Inquiry, Learning or Teaching* o Investigación, aprendizaje o enseñanza programada.

 Como vimos en la Sección 14.4 del Capítulo 14, el computador SDS 940 fue un computador diseñado para ejecutarse en modo de tiempo compartido y no pasaría mucho tiempo hasta que PILOT se implementase para ser usado sobre [MUMPS].

En la década de 1960 no tuvo mucho impacto pero en las siguientes décadas, PILOT llegó a ser implementado para Apple II, Atari, Commodore 64 y otra gran cantidad de microcomputadores rivalizando con [BASIC] y adquiriendo características como los gráficos de tortuga de LOGO. No es de extrañar que compitiese directamente con BASIC ya que este lenguaje fue influenciado por él y por FORTRAN y sirvió como influencia para LOGO.

En 1991 el lenguaje fue estandarizado por el [IEEE] bajo el código 1154-1991.

24.4. El lenguaje

El lenguaje fue diseñado para ser muy fácil de emplear por personas que no supieran programación y al igual que otros lenguajes como BASIC o LOGO implementa comandos simples para realizar acciones muy concretas, principalmente basadas en una única letra.

Por lo tanto tenemos letras como R que se usa para un comentario (*remark*), A para aceptar la entrada de datos, C para computar y asignar un valor numérico a una variable, E para finalizar (*end*) una subrutina, J para realizar un salto (*jump*) a otra parte del código, M para buscar (*match*) una entrada de datos dentro de una variable o T para escribir (*type*) un valor por pantalla.

Veamos un código de ejemplo, en principio puedes apreciar que aunque hay implementaciones que usan los números de línea, esta versión basada en el estándar de IEEE y que se supone es más aproximada a la versión de 1968 puede arrojarnos una idea de cómo era programar en este lenguaje:

```
T: Hola y bienvenido al programa. ①
T: Escribe un número
A: #num ②
C: #resp = #num + 7 ③
T: Introdujiste #num. #num + 7 = #resp ④
```

① T presenta los textos, uno por línea.

② A pide un número que será almacenado en la variable #num.

③ C computa en #resp el resultado de la suma de #num y 7.

④ Presentamos el texto donde se cambia cada ocurrencia de variable por su valor.

Como vemos, el lenguaje se basa en una serie de comandos de una única letra seguida por sus parámetros. No obstante, hay algunos símbolos que cambian el significado de los textos. En el código de ejemplo hemos visto # que se encarga de cambiar el texto que acompaña para identificar las variables, pero también podemos usar * para identificar etiquetas y $ para identificar texto literal.

Por último, entre los dos puntos (:) y la letra de comando se pueden abrir unos paréntesis donde agregar una expresión que determine si esa línea debe ejecutarse o no. En el ejemplo anterior:

```
T(#num>6): El número es de una cifra y el
resultado de dos
```

En este caso, esta línea solo se presenta por pantalla si el valor de #num es mayor de 6.

24.5. Influencia de PILOT

PILOT estuvo influenciado por BASIC y FORTRAN y causó influencia en LOGO principalmente. A lo largo de la década de 1970 y 1980 muchas revistas del sector se hicieron eco de las distintas implementaciones de PILOT para microcomputadores como Apple II, Atari y Commodore 64 publicando código, juegos y diferentes programas.

Existe una implementación de IEEE-Pilot de Eric S. Raymond pero no es un lenguaje que haya envejecido bien. La forma de escribir código planteada por PILOT era clara y tenía sentido en el contexto de terminales y computadoras de la década de 1960 pero una vez aparecieron las interfaces gráficas de usuario (GUI) lenguajes como PILOT fueron decayendo.

A día de hoy tan solo se pueden encontrar algunos viejos intérpretes de PILOT para las máquinas Atari y una versión que ha trascendido y puede emplearse en PowerShell en Windows llamada psPILOT.

Capítulo 25. SETL y la teoría de conjuntos

> [Schwartz] imaginó un lenguaje robusto basado en teoría de conjuntos en el que los matemáticos podían expresar cómodamente sus pruebas.
>
> — Martin Davis y Edmond Schonberg

Hay una gran cantidad de lenguajes creados en el seno de IBM, a lo largo de este libro hemos visto algunos como FORTRAN (ver el Capítulo 8). El lenguaje de este capítulo es otro de estos lenguajes creados por IBM, [SETL] *SET Language* o Lenguaje de Conjuntos, es un lenguaje propuesto por Jacob Theodore Schwartz como una forma de proporcionar un lenguaje en el que expresar algoritmos con una expresión natural en teoría de conjuntos.

El trabajo de crear programas a través del análisis del problema y la descomposición del programa para la implementación de la solución parte del análisis del flujo de datos el cual se basa en algoritmos naturales a la teoría de conjuntos, pero estos algoritmos probaron ser difíciles de implementar en lenguajes de programación de la época como es el caso de FORTRAN.

Por lo tanto, Schwartz se embarcó en la búsqueda de una solución, pero antes de seguir con su búsqueda veamos un poco de la historia de Schwartz.

25.1. Jack Schwartz

Nacido en 1930 en el Bronx, Nueva York, Schwartz desarrolló una pasión por la lectura a una edad muy temprana. Aunque inicialmente se interesó por la química, al ingresar al City College a la edad de 15 años inmediatamente se centró en las matemáticas.

Schwartz era un aprendiz muy veloz y capaz, muestra de ello fue durante sus estudios universitarios que, aún teniendo su tiempo completo con las asignaturas y trabajos de clase, halló tiempo para adentrarse en nuevos campos de estudio, absorber tanto como podía y terminar haciendo su propia contribución. De hecho, esta se convertiría en una dinámica en su vida (Davis & Schonberg, 2011).

Schwartz comenzó sus estudios universitarios en Yale en 1949. Su interés por la investigación se centró en el análisis funcional, especialmente en la teoría de operadores lineales. Su posgrado y siguientes años los pasó trabajando en Yale hasta 1957 que fue a trabajar al Instituto Courant de Ciencias Matemáticas hasta su jubilación en 2005.

Fue a mediados de la década de 1960 que Schwartz se centró y dedicó sus energías al estudio de un campo emergente: la computación. En 1969, consiguió fundar dentro del Instituto Courant el Departamento de Ciencia Computacional que dirigió hasta 1977 lo que le permitió influir seriamente en la dirección de la investigación en informática en Estados Unidos.

Su foco dentro de la computación se centró en la arquitectura del computador y problemas de la programación en conexión con la computación paralela.

Cuando visitó IBM, Schwartz trabajó con John Cocke y Frances Allen en conexión con su trabajo de optimización en el que había sido pionero.

 Frances Allen fue mencionada en Historia de los Lenguajes de Programación años 1940-1959 (Rubio Jiménez, 2021) en un capítulo donde se menciona su trabajo con FORTRAN. Podemos decir además que Schwartz se divorció de su mujer y se casó con Allen más tarde y aunque su matrimonio terminó igualmente en divorcio no dejaron de admirar los logros del otro y su amistad no se vio truncada.

El trabajo con Allen y Cocke potenció el interés por la programación de Schwartz y tal y como tenía costumbre, escribió un libro *enciclopédico* (más de 700 páginas) para aportar al campo de estudio. El libro coescrito con Cocke trató sobre el diseño de compiladores (Cocke & Schwartz, 1970) que aunque nunca fue publicado oficialmente fue bastante influyente.

25.2. Algoritmos y Teoría de Conjuntos

Los algoritmos desarrollados en IBM para el análisis de flujos de datos globales y la descomposición de programas (análisis de intervalos) tienen una expresión natural de teoría de conjuntos. Estos algoritmos mostraban una cierta dificultad para ser implementados en el lenguaje de programación de elección en ese momento: FORTRAN.

Schwartz se embarcó en un gran esfuerzo para diseñar e implementar un lenguaje de programación que resolviese este problema, su lenguaje de programación SETL.

SETL se basa en la teoría de conjuntos y demostró su utilidad como lenguaje de especificación mediante la reformulación de numerosos algoritmos en varias áreas de la informática.

SETL tuvo varias implementaciones y mejoras de diseño con contribuciones sustanciales de Robert Dewar y otros. La característica central del lenguaje es el uso de conjuntos y mapeo sobre dominios arbitrarios, así como el uso de expresiones cuantificadas universalmente y existencialmente para describir predicados e iteraciones sobre estructuras compuestas.

Este núcleo de teoría de conjuntos está integrado en un lenguaje imperativo convencional con estructuras de control familiares, subprogramas, recursión y estado global para hacer que el lenguaje sea ampliamente accesible.

Schwartz veía a SETL en términos pragmáticos como un lenguaje de especificación ejecutable cuyos objetivos principales eran la concisión y la claridad y donde la eficiencia se obtenía mediante un paso separado de traducción a un lenguaje inferior. La espectacular ineficiencia de la implementación inicial reflejaba este enfoque.

Debido a esto, Schwartz realizó investigaciones secundarias sobre técnicas de optimización y transformaciones de programas globales tal y como vimos en su trabajo conjunto con Cocke (Cocke & Schwartz, 1970).

Schwartz también introdujo otra línea de investigación fructífera al sugerir el uso de técnicas de diferencias finitas para transformar algoritmos que manipulan conjuntos en algoritmos que realizan operaciones puntuales sobre ellos.

 Según la página de GNU SETL [https://setl.org/setl/doc/setl.html], el lenguaje comenzó como una herramienta de alto nivel para la expresión de algoritmos complejos. Pronto encontró su rol en el prototipado rápido tal y como fue demostrado en el proyecto del diseño del lenguaje Ada 83. Sus usuarios empleaban el mantra *la lentitud es bella* con orgullo.

25.3. El lenguaje

Veamos el código a través de unos ejemplos extraídos de Wikipedia:

```
print([n in [2..N] | forall m in {2..n - 1} | n
mod m > 0]);
```

En esta línea vemos la impresión de un resultado. Los corchetes ([ ]) exteriores encierran tres bloques separados por una barra vertical (|).

El primer bloque indica el conjunto de elementos de 2..N donde N debe estar definido y debe obtener los números para ese rango situando en n cada uno.

El siguiente bloque indica de forma matemática forall donde especifica en m valores entre 2 y n-1. Vemos hasta el momento que tenemos un doble bucle que proporciona valores para n y para m.

El último bloque nos indica que la división entre n y m debe ser mayor de 0. Debido a la expresión forall del segundo bloque se indica que cada elemento n debe tener una correspondencia que concuerde con la expresión para todos los valores dados de m.

Veamos otro ejemplo algo más sencillo:

```
procedure factorial(n); -- calcula el factorial n!
①
   return if n = 1 then 1 else n * factorial(n - 1)
end if; ②
end factorial;
```

① Aquí vemos la definición de un procedimiento y comentarios empleando --.

② El retorno se realiza dependiendo de si n vale 1 o no, siendo este 1 o la multiplicación de n por la llamada recursiva de factorial con n-1.

Lo curioso es que la sintaxis de conjuntos de SETL nos permite definir lo anterior de esta forma:

```
*/[1..n]
```

Donde indicamos que realizaremos la multiplicación de todos los elementos del conjunto.

25.4. El legado de SETL

En páginas como Wikipedia se menciona la influencia de SETL en otros lenguajes como por ejemplo ABC, un lenguaje desarrollado por algunas figuras conocidas como Guido van Rossum del que después se valdría para crear Python.

Además de su influencia en ABC y Python, el lenguaje no tuvo mucho éxito como lenguaje de programación pero tuvo su hueco como lenguaje de prototipado para otros lenguajes como Ada.

Existió una segunda versión de SETL desarrollada en la Universidad de Nueva York en la década de 1980 por Kirk Snyder, se hizo otra variante o implementación llamada Interactive SET Language (ISETL) e incluso una versión GNU SETL pero nunca alcanzó gran éxito o una amplia adopción.

Capítulo 26. El lenguaje que enseña: TUTOR

TUTOR fue diseñado para capacitar a los profesores, no a los programadores.

— Paul Tenczar

Además de PILOT y LOGO, hay otra Universidad que jugó un papel importante en el establecimiento de la Instrucción Asistida por Computador [CAI] y este fue la Universidad de Illinois. Tras el efecto de dinamización de la educación en ciencias por el evento del Sputnik (1957).

En 1959, un físico de la Universidad de Illinois, Chalmers W. Sherwin sugirió emplear un sistema de aprendizaje computarizado a William Everett, el decano. En las siguientes semanas se produjeron una serie de reuniones con físicos, matemáticos, psicólogos, ingenieros y administradores hasta acordar un diseño sencillo. Daniel Alpert, al cargo de las negociaciones mencionó el problema a un ayudante suyo de laboratorio, Donald Bitzer qué pensó en ello y construyó un sistema de demostración como sugerencia.

Así nació el Proyecto PLATO por sus siglas *Programmed Logic for Automatic Teaching Operations* o Lógica Programada para Operaciones de Enseñanza Automática.

26.1. El Proyecto PLATO

La primera versión (1960) fue construida sobre el computador ILLIAC I de la Universidad de Illinois que contaba con un televisor como medio de visualización y un teclado especial con funciones especiales para poder navegar por los menús. La segunda versión, PLATO II (1961) soportaba dos usuarios gracias a la implementación de multi-usuario a través de tiempo-compartido.

El sistema PLATO fue financiado a través de pequeñas contribuciones de las Fuerzas Armadas, la Marina y la Fuerza Aérea de los Estados Unidos.

El sistema fue rediseñado entre 1963 y 1969 para su tercera versión, PLATO III, para permitir que cualquiera pudiese diseñar nuevos módulos de lecciones usando el lenguaje TUTOR, concebido en 1967 por un estudiante de biología, Paul Tenczar (Sherwood, 1974).

En verdad, PLATO ya disponía desde sus inicios de un lenguaje de autor para crear lecciones pero requería mucho conocimiento del sistema crear lecciones y no todos podían hacerlo. Por este motivo, Paul Tenczar tomó la tarea de implementar un lenguaje autor que permitiese a cualquiera desarrollar una lección partiendo del lenguaje implementado inicialmente y evolucionando hasta llegar a TUTOR.

Los profesores usaban el lenguaje TUTOR para expresar en el computador cómo PLATO debe interactuar con los estudiantes individuales. Estudiantes y profesores interactuaban con PLATO a través de terminales que disponían de una pantalla y un teclado.

TUTOR de hecho fue enseñado a sus usuarios a través de un libro de texto llamado *Introducción a TUTOR* y lecciones de PLATO implementadas en TUTOR (Sherwood, 1974).

El lenguaje fue inicialmente llamado *PLATO Author Language* o Lenguaje de Autor de PLATO cuando se desarrolló en 1965 pero su nombre fue cambiado tras el rediseño de PLATO III en 1969.

26.2. El lenguaje TUTOR

El lenguaje es bastante simple porque únicamente se centra en los aspectos propios de la definición de las lecciones. La idea de las lecciones es mostrar texto, gráficos y realizar alguna pregunta ante la cual se puede determinar por concordancia si es correcta o no.

Veamos un ejemplo:

```
unit    geometría ①
at      1812 ②
write   ¿Cuál es esta figura? ③
draw    510;1510;1540;510 ④
arrow   2015 ⑤
answer  <es,un> triángulo (rectángulo) ⑥
write   ¡Exactamente correcto!
wrong   <es,un> cuadrado ⑦
write   ¡Cuenta los lados!
```

① El nombre de la unidad.

② Dónde comienza a escribir la pregunta.

③ Escribe la pregunta por pantalla.

④ Dibuja el triángulo indicando los puntos en pantalla.

⑤ Sitúa el cursor para la respuesta.

⑥ Si la respuesta casa con el texto, ejecuta la siguiente línea dándola por correcta.

⑦ Si la respuesta casa con el texto, ejecuta la siguiente línea dando la respuesta por incorrecta.

Los puntos en pantalla se sitúan con números enteros pero tomando cuatro posibles posiciones: VVHH; por lo que si le decimos que se posicione en 1812 en verdad va a la línea 18 columna 12 y si decimos 2015 va a la línea 20 columna 15. Con menos números, por ejemplo 510 indica línea 5 y columna 10.

No obstante, hay muchas características que permiten hacer aún más complejo el diseño de la lección e incluso especificar información de ayuda o una navegación para el siguiente ítem y/o el anterior. Algunas de estas características incluyen la definición de nuevos comandos, uso de variables o la ejecución de expresiones.

26.3. El legado de PLATO y TUTOR

Aunque son nombres que no trascendieron y no son escuchados a menudo, PLATO y TUTOR sentaron las bases de la enseñanza usando computador llegando a tener un mayor impacto gracias a su apertura a las ciencias en general y ser empleada dentro de la Universidad para sus cursos.

Si comparamos TUTOR y PLATO con otras plataformas vistas en capítulos anteriores como LOGO o PILOT descubriremos que TUTOR en verdad no puede considerarse un lenguaje de propósito general como los anteriores, es un lenguaje acotado y centrado en un dominio muy específico y esa gran especialización le confirió una facilidad necesaria para la confección de lecciones por parte del profesorado que de otra forma habría sido mucho más complicado.

Aunque no se dice de forma explícita en la historia de sistemas de enseñanza *e-learning* actuales, muchos sitúan TUTOR y PLATO como la fuente de inspiración de muchas de las plataformas de enseñanza computarizada de la actualidad.

Epílogo

> La frase más peligrosa del idioma es: *Siempre lo hemos hecho así.*
>
> — Grace Hopper

Llegamos al final. Ha sido interesante darse una vuelta por una década que comenzó con computadores de tarjetas perforadas y acabó con pantallas y teclados. La evolución de los lenguajes con cada cambio e incluso de nueva tecnología y sobre todo cómo el enfoque en la enseñanza hizo florecer aún más formas de hacer las cosas.

A lo largo de estas páginas se han visto trabajos explorando características para hacer lenguajes más productivos según para qué aspecto específico como FORTRAN en la ejecución, MAD o BASIC en la compilación, B para implementaciones de sistemas o BASIC, LOGO y PILOT para simplificar el uso de los lenguajes.

Hemos visto lenguajes muy específicos como RPG que cumplían una tarea concreta en la creación de informes. Lenguajes para la Inteligencia Artificial como LISP, lenguajes orientados a objetos (sin saberlo) como Simula o el inicio de los lenguajes funcionales con ISWIM.

Hemos plantado la semilla también para el conocimiento de otros lenguajes que aún están por llegar analizando sus ancestros como es el caso de Euler que dará paso a Pascal, el lenguaje B que dará paso a C o SETL que dará paso a ABC y este a Python.

Al final, estudiar de dónde vienen los lenguajes de programación y porqué se crearon, qué problemas resolvieron y porqué dejaron de emplearse en pro de otros nos ayuda a conocer la trayectoria de la tecnología tal y como la usamos hoy en día y nos ayuda a dilucidar cuáles podrían ser posibles mejoras a futuro para esos lenguajes que hoy en día usamos.

La cultura de otros lenguajes puede ayudar a mejorar la propia cultura de ese lenguaje que usas hoy en día. Piénsalo y espero que te queden ganas de seguir explorando la siguiente década. Gracias por leer.

Almere, 2024.

Glosario

Este glosario incluye algunas palabras empleadas a lo largo del libro y cuya definición sea importante mantener localizada.

ACE

Automatic Computing Engine o Máquina de Computación Automática. Fue la Máquina desarrollada en Reino Unido por Alan Turing.

ACM

Association for Computing Machinery o Asociación de Maquinaria de Computación.

AED-0

Automated Engineering Design o Diseño de Ingeniería Automatizado, aunque las siglas también se entendieron como *ALGOL Extended for Design* o ALGOL Extendido para el Diseño.

AIMACO

Air Material Compiler o Compilador de Material Aéreo.

ALGOL

ALGOrithmic Language o Lenguaje Algorítmico fue un lenguaje creado por un conjunto de científicos dedicados a la computación de EE.UU. y Europa. Ver el Capítulo 3.

ANSI

American National Standards Institute o Instituto de Estándares Nacional Americano. Una institución de estándares estadounidense.

ASCII

American Standard Code for Information Interchange o Código Estándar Americano para el Intercambio de Información fue desarrollado por los Laboratorios Bell en 1968.

BASIC

Beginners All-Purpose Symbolic Instruction Code o Código de Instrucciones Simbólico para Todo-Propósito para Principiantes.

BBN

Bolt, Beranek y Newman, empresa creada por los Richar Bolt, Leo Beranek y Robert Newman.

BCD

Binary-Coded Decimal o Decimal Codificado en Binario. Desarrollado y usado principalmente por IBM en código binario de 6 bits para codificar números, letras y caracteres especiales.

BCPL

Basic CPL o CPL Básico. Fue una simplificación de [CPL].

BEMA

Business Equipment Manufacturers Association o Asociación de Fabricantes de Equipos de Negocio.

BNF

Backus Normal Form o *Backus-Naur Form*, Forma Normal de Backus o Forma de Backus-Naur. Ver la Sección 3.2 en el Capítulo 3.

CAI

Computer-Aided Instruction o Instrucción Asistida por Computador.

CAL

Conversational Algebraic Language o Lenguaje Algebraico Conversacional.

CISL

Cambridge Information Systems Laboratory o Laboratorio de Sistemas de Información de Cambridge.

COBOL

Common Business Oriented Language o Lenguaje Común Orientado a los Negocios.

CODASYL

Conference On Data Systems Languages o Conferencia sobre Lenguajes de Sistemas de Datos.

COMTRAN

Comercial Translator o Traductor Comercial. Un lenguaje desarrollado por IBM para ser amistoso al mundo de los negocios.

CORAL

Computer On-line Real-time Applications Language o Lenguaje de Aplicaciones de Computador en Línea y en Tiempo-Real y muy posiblemente en sus primeras versiones *Computer On-line Radar Applications Language* o Lenguaje de Aplicaciones de Computador en Línea para Radar.

COWSEL

COntrolled Working SpacE Language o Lenguaje del Espacio de Trabajo Controlado.

CPL

Combined Programming Language o Lenguaje de Programación Combinado. En verdad el nombre sugiere muchas más posibles interpretaciones (ver Capítulo 12).

CTSS

Compatible Time-Sharing System o Sistema de Tiempo-Compartido Compatible. También se conoce como *Caltech Time-Sharing System* o Sistema de Tiempo-Compartido de Caltech por el Instituto de Tecnología de California donde fue creado.

DEC

Digital Equipment Corporation o Corporación de Equipos Digitales presidida inicialmente por Ken Olsen. Una gran empresa de computación entre la década de 1960 y 1990. En 1998 se fusionó a Compaq perdiendo su nombre en 2002 en otra fusión con Hewlett-Packard (HP).

DOPE

Dartmouth Oversimplified Programming Experiment o Experimento de Programación Sobre-simplificado de Dartmouth.

DSL

Domain Specific Language o Lenguaje de Dominio Específico. Son lenguajes que se crean para un propósito específico y su sintaxis y su semántica se diseñan para facilitar la expresión del dominio al que pertenecen.

ECMA

European Computer Manufacturers Association o Asociación Europea de Fabricantes de Computadores.

EPL

Early PL/I o PL/I temprano. Fue un subconjunto del lenguaje de programación PL/I desarrollado por McIlroy usando TMG para disponer del lenguaje PL/I en los sistemas operativos CTSS y GECOS empleados para crear Multics.

FARGO

Fourteen-o-one Automatic Report Generation Operation u Operación de generación automática de informes 1401. Es considerada la versión [RPG] 0.

FLPL

FORTRAN List Processing Language o Lenguaje de Procesamiento de Listas FORTRAN.

FOCAL

Formulating On-line Calculations in Algebraic Language o Formulación de Cálculos en línea en Lenguaje Algebraico. Aunque sus siglas también pudieron ser para *FOrmula CALculator* o Calculadora de Fórmulas.

FORMAC

FORmula MAnipulation Compiler o Compilador de Manipulación de Fórmulas.

GAMM

Gesellschaft für Angewandte Mathematik und Mechanik o Asociación de Matemática Aplicada y Mecánica.

GAT

Generalized Algebraic Translator o Traductor Algebraico Generalizado.

GE

General Electric.

GPM

General Purpose Macro-generator o Macro-generador de Propósito General. Ver la Sección 2.4.1 en el Capítulo 2.

GUIDE

Guidance for Users of Integrated Data-Processing Equipment u Orientación para Usuarios de Equipos Integrados de Procesamiento de Datos. Un grupo de usuarios de voluntarios de computadores y sistemas de IBM.

IA

Inteligencia Artificial.

IAL

International Algebraic Language o Lenguaje Algebraico Internacional. Fue el primer nombre otorgado al lenguaje que sería después nombrado como [ALGOL].

IBM

International Business Machines o Máquinas de Negocios Internacionales. Una empresa surgida a principios del siglo XX por la evolución de las empresas dedicadas a las máquinas de tabulación.

IEEE

Institute of Electrical and Electronic Engineers o Instituto de Ingenieros Electrónicos y Eléctricos.

IFIP

International Federation for Information Processing o Federación Internacional para el Procesamiento de Información. Fue la federación a cargo de la definición de ALGOL 60 y ALGOL 68.

IPL

Information Processing Language o Lenguaje de Procesamiento de Información.

ISWIM

If you See What I Mean, Si ves lo que quiero decir. En el Capítulo 18.

IT

Internal Translator o Traductor Interno.

IVSYS

IVerson SYStem o Sistema de Iverson.

JOHNNIAC

John von Neumann Numerical Integrator and Automatic Computer o Integrador Numérico y Computadora Automática John von Neumann.

JOSS

JOHNNIAC Open Shop System o Sistema de Tienda Abierta JOHNNIAC fue un servicio de tiempo-compartido experimental de Rand Corporation diseñado para novatos en el mundo de la computación.

MAC

Proyecto MAC por sus siglas *Mathematics and Computation* o Matemáticas y Computación. Un proyecto conducido en la Universidad de Massachusetts en 1966 y del que se originaron algunas piezas clave como MacLisp.

MAD

Michigan Algorithm Decoder o Decodificador Algorítmico de Michigan.

MGH

Massachusetts General Hospital o Hospital General de Massachusetts.

MIT

Massachusetts Institute Technology o Instituto de Tecnología de Massachusetts.

MPPL

MultiPurpose Programming Language o Lenguaje de Programación MultiPropósito.

MUMPS

Massachusetts General Hospital Utility Multi-Programming System o Sistema de Programación-Múltiple de Servicios Públicos del Hospital General de Massachusetts.

NCSS

National Computer Software Systems o Sistemas de Software Computacional Nacionales.

NDRE

Norwegian Defense Research Establishment o Establecimiento Noruego de Investigación de Defensa.

NIH

National Institute of Health o Instituto Nacional de Salud.

NPL

National Physics Laboratory o Laboratorio de Física Nacional. En Reino Unido.

NRAO

National Radio Astronomy Observatory o Observatorio Nacional de Radioastronomía.

NSF

National Science Foundation o Fundación Nacional de Ciencias.

PCM

Pulse-Code Modulation o Modulación por Impulsos Codificados.

PILOT

Programmed Inquiry, Learning or Teaching o Investigación, aprendizaje o enseñanza programada.

PLATO

Programmed Logic for Automatic Teaching Operations o Lógica Programada para Operaciones de Enseñanza Automática.

POP

Package for Online Programming o Paquete para Programación en Línea. El nuevo nombre para el lenguaje [COWSEL].

REFAL

Recursive Functions Algorithmic Language o Lenguaje Algorítmico de Funciones Recursivas.

REPL

Read, Eval, Print and Loop o Lee, Evalúa, Imprime y Bucle. Indica la interacción de la máquina con el usuario, lee la instrucción, la evalúa, imprime el resultado y vuelta a comenzar.

RPG

Report Program Generator o Generador de Programas de Informes. Ver el Capítulo 1.

SAP

Symbolic Assembly Program o Programa Ensamblador Simbólico. Ver el Capítulo 2.

SETL

SET Language o Lenguaje de Conjuntos.

SCALP

Self Contained ALgol Processor o Procesador ALGOL Autocontenido.

SHARE

Grupo de usuarios voluntarios para computadores mainframe de IBM fundado en 1955.

SIL

SNOBOL Implementation Language o Lenguaje de Implementación de SNOBOL.

SLAC

Stanford Linear Accelerator o Acelerador Lineal de Stanford.

SQL

Structured Query Language o Lenguaje de Consultas Estructurado. Un lenguaje que podemos considerar de cuarta generación, declarativo o incluso de dominio específico aunque en nuestros días haya evolucionado hasta ser Turing completo.

STC

Standard Telephones and Cables o Cables y Teléfonos Estándares. Fue una empresa de telecomunicaciones de Reino Unido pionera en tecnologías como la fibra óptica.

THE

Technische Hogeschool Eindhoven o Universidad de Tecnología de Eindhoven. Se empleó como el nombre del sistema operativo liderado por Edsger W. Dijkstra.

TMG

TransMoGrifiers un lenguaje creado por McClure en 1965 para escribir compiladores.

UMMPS

University of Michigan Multi-Programming Supervisor o Supervisor de Multi-Programación de la Universidad de Michigan.

URSS

Unión de Repúblicas Socialistas Soviéticas también conocida como Unión Soviética (US) era un conjunto de hasta 15 Repúblicas Socialistas Soviéticas (RSS) formadas desde 1922 hasta su disolución en 1991 que tuvieron un papel importante en la Segunda Guerra Mundial contra la Alemania Nazi y en la Guerra Fría contra Estados Unidos (EEUU).

VDM

Vienna Development Method o Método de Desarrollo de Viena.

Bibliografía

Mucha de la información obtenida para la realización de este libro ha partido de una búsqueda en Internet y principalmente la lectura de entradas del proyecto Wikipedia [https://es.wikipedia.org/wiki/Wikipedia:Portada]. También se han adquirido algunos documentos, tesis y publicaciones de sitios como ACM Digital Library [https://dl.acm.org] para contrastar información contradictoria recurriendo directamente a las fuentes.

Muchos de esos artículos revisados, sitios web o libros consultados se encuentran a continuación.

Abrahams, P. W., Barnett, J. A., Book, E., Firth, D., Kameny, S. L., Weissman, C., Hawkinson, L., Levin, M. I., & Saunders, R. A. (1966). The LISP 2 programming language and system. *Proceedings of the November 7-10, 1966, Fall Joint Computer Conference*, 661-676. doi.org/10.1145/1464291.1464362

Abrams, P. S. (1966). *An interpreter for "Iverson notation"*. Stanford University.

Abrams, P. S. (1975). What's wrong with APL? *Proceedings of Seventh International Conference on APL*, 1-8. doi.org/10.1145/800117.803777

Arden, B. W., Galler, B. A., & Graham, R. M. (1961). MAD at Michigan: its function & features. *Datamation*, 7(12), 27-28.

Arden, B., & Graham, R. (1959). On GAT and the Construction of Translators. *Commun. ACM*, 2(7), 24-26. doi.org/10.1145/

368370.368373

Bachelor, G. A., Dempster, J. R. H., Knuth, D. E., & Speroni, J. (1961). SMALGOL-61. *Commun. ACM*, 4(11), 499-502. doi.org/10.1145/366813.366843

Backus, J. W., Bauer, F. L., Green, J., Katz, C., McCarthy, J., Perlis, A. J., Rutishauser, H., Samelson, K., Vauquois, B., Wegstein, J. H., van Wijngaarden, A., Woodger, M., & Naur, P. (1960). Report on the Algorithmic Language ALGOL 60. *Commun. ACM*, 3(5), 299-314. doi.org/10.1145/367236.367262

Backus, J. W. (1959). The syntax and semantics of the proposed international algebraic language of the Zurich ACM-GAMM Conference. *IFIP Congress.* api.semanticscholar.org/CorpusID:44764020

Barron, D. W., Buxton, J. N., Hartley, D. F., Nixon, E., & Strachey, C. (1963). The Main Features of CPL. *The Computer Journal*, 6(2), 134-143. doi.org/10.1093/comjnl/6.2.134

Beechhold, H. F. (1993). *Vanilla PILOT.* 5(37), 67-69.

Berner, R. W. (1957). How to consider a computer. *Automatic Control Magazine*, 66-69.

Berner, R. W. (1971). A View of the History of COBOL. *Honeywell Computer Journal*, 5.

Beyer, K. W. (2012). *Grace Hopper and the Invetion of the Information Age.* Smithsonian Institution.

Boytchev, P. (2010). *Logo Tree Project.* www.edtechpolicy.org/cyberk12ARCHIVE/Resources/Microworlds/LogoTreeProject.pdf

Brock, D. C. (2020). *Discovering Dennis Ritchie's Lost Dissertation.* computerhistory.org/blog/discovering-dennis-ritchies-lost-dissertation/

Brodie, L. (1981). *Starting FORTH.* www.forth.com/wp-content/

uploads/2018/01/Starting-FORTH.pdf

Caine, S. H., & Gordon, E. K. (1968). *TTM: An Experimental Interpretive Language*. California Institute of Technology.

Chatley, R., Donaldson, A., & Mycroft, A. (2022). The Next 7000 Programming Languages. En *Computing and Software Science* (pp. 250-282). Springer-Verlag. doi.org/10.1007/978-3-319-91908-9_15

Christopher, T. W. (1996). *EULER: An Experiment in Language Definition*. Illinois Institute of Technology.

Cocke, J., & Schwartz, J. T. (1970). *Programming Languages and Their Compilers*. Courant Institute of Mathematical Sciences.

Corbató, F. J., Merwin-Daggett, M., & Daley, R. C. (1962). An Experimental Time-Sharing System. *Proceedings of the May 1-3, 1962, Spring Joint Computer Conference*, 335-344. doi.org/10.1145/1460833.1460871

Corporation, C. D. (1977). *RPG II Version 2 Reference Manual*. doi.org/96768710

Corporation, I. B. M. (1964). *FARGO for IBM 1401* [Form]. Systems Reference Library. bitsavers.org/pdf/ibm/1401/C24-1464-3_1401_fargo.pdf

Davis, M., & Schonberg, E. (2011). *Jacob Theodore Schwartz*. www.settheory.com/Schwartz_Jacob_Martin_and_Ed.pdf

Duncan, F. G. (1967). ALGOL Bulletin No. 26. *SIGPLAN Not.*, 2(11), 1-49. doi.org/10.1145/1139498.1139500

Evans, A. (1968). PAL—a language designed for teaching programming linguistics. *Proceedings of the 1968 23rd ACM National Conference*, 395-403. doi.org/10.1145/800186.810604

Farber, D. J. (1964). *635 Assembly System - GAP*. Bell Telephone Laboratories Computation Center.

Farber, D. J. (1971). A Survey of the Systematic Use of Macros in Systems Building. *SIGPLAN Not.*, *6*(9), 29-36. doi.org/10.1145/942596.807057

Fonsecai, P., & Casanovas, C. J. (2009). JGPSS, An open source GPSS framework to teach simulation. *Proceedings of the 2009 Winter Simulation Conference (WSC)*, 256-267. doi.org/10.1109/WSC.2009.5429335

Forest, B. (1961). BALGOL at Stanford: a fast compiler on a slow computer. *Datamation, 7*(12), 24-26.

Gough, J. (1993). *Watching the Skies: History of Groud Radar for the Defence of the United Kingdom by the Royal Air Force from 1946 to 1975.* Stationery Office Books.

Graham, R. M. (1958). Translation between Algebraic Coding Languages. *Preprints of Papers Presented at the 13th National Meeting of the Association for Computing Machinery*, 1-2. doi.org/10.1145/610937.610964

Harvey, B. (1997). *Computer Science Logo Style.* The MIT Press.

Hoare, C. A. R. (1961). Algorithm 63: Partition. *Commun. ACM, 4*(7), 321. doi.org/10.1145/366622.366642

Hoare, C. A. R. (1962). Quicksort. *The Computer Journal, 5*(1), 10-16. doi.org/10.1093/comjnl/5.1.10

Hoare, C. A. R. (1965). *A Programming Language for Processor Construction.*

Hoare, T. (2009). *Null References: The Billion Dollar Mistake.* www.infoq.com/presentations/Null-References-The-Billion-Dollar-Mistake-Tony-Hoare/

Holbrook, B. D., & Brown, W. S. (1982). *A History of Computing Research at Bell Laboratories (1937-1975)* [Computing Science Technical Report]. AT&T Bell Laboratories.

Holmevik, J. R. (1994). Compiling SIMULA: a historical study of technological genesis. *IEEE Annals of the History of Computing, 16*(4), 25-37. doi.org/10.1109/85.329756

Höltgen, S., & Baranovska, M. (2022). *Hello, I'm Eliza: Fünfzig Jahre Gespräche mit Computern.*

Igarashi, S., Iwamura, T., Sakuma, K., Simauti, T., Simuzu, T., Takasu, S., Wada, E., & Yoneda, N. (1969). ALGOL N. *ALGOL Bull., 30*, 38-85.

Irons, E. T. (1970). Experience with an extensible language. *Commun. ACM, 13*(1), 31-40. doi.org/10.1145/361953.361966

Iverson, K. E. (2000). A personal view of APL. *SIGAPL APL Quote Quad, 30*(3), 4-13. doi.org/10.1145/360487.360477

Iverson, K. E. (1962). *A programming language.* John Wiley & Sons, Inc.

Kelly, B. (2009). *IBM RPG: A Great Language with a Greater History.* www.nicklitten.com/a-brief-history-of-the-ibm-rpg-programming-language/

Kurtz, T. E. (1978). BASIC Session. En *History of Programming Languages* (pp. 515-550). Association for Computing Machinery. doi.org/10.1145/800025.1198360

Lampson, B. (2011). *A Culture of Innovation* (D. Walden & R. Nickerson, eds.). Waterside Publishing.

Landin, P. J. (1966). The next 700 programming languages. *Commun. ACM, 9*(3), 157-166. doi.org/10.1145/365230.365257

Ltd, F. (1968). *FM1600B Microcircuit Computer.* www.sba.unipi.it/sites/default/files/2015_05_29_08_44_13.pdf

McCarthy, J. (1959). *Memorandum to P. M. Morse Proposing Time-Sharing.* jmc.stanford.edu/computing-science/timesharing-memo.html

McCarthy, J. (1960). Recursive functions of symbolic expressions and their computation by machine, Part I. *Commun. ACM*, 3(4), 184-195. doi.org/10.1145/367177.367199

McCarthy, J. (1962). Time Sharing Computer Systems. *Management and the Computer of the Future*, Chapter 6.

McCarthy, J. (1978). History of LISP. En *History of Programming Languages* (pp. 173-185). Association for Computing Machinery. doi.org/10.1145/800025.1198360

McIlroy, M. D. (1960). Macro Instruction Extensions of Compiler Languages. *Commun. ACM*, 3(4), 214-220. doi.org/10.1145/367177.367223

Mills, D. L. (1968). *The Syntactic Structure of MAD/I*. University Michigan. apps.dtic.mil/sti/citations/AD0671683

Mooers, C. N., Deutsch, L. P., & Floyd, R. W. (1965). Programming Languages for Non-Numeric Processing—1: TRAC, a Text Handling Language. *Proceedings of the 1965 20th National Conference*, 229-246. doi.org/10.1145/800197.806048

Moore, C. H. (1970). *Programming a Problem-oriented Language*. colorforth.github.io/POL.html

Nelson, T. (1974). *Computer Lib/Dream Machines*.

of California, O. A. (1998). *Register of the John A. Starkweather Papers, 1965-1985*. oac.cdlib.org/view?docId=tf2d5nb1xg;style=oac4;doc.view=entire_text

Papert, S. (1980). *Mindstorms*. Harvester Press.

Perlis, A. J. (2008). *ALGOL, More than just ALGOL*. api.semanticscholar.org/CorpusID:47672972

Popplestone, R. (1999). *The Early Development of POP*. www-robotics.cs.umass.edu/Popplestone/pop_development.html

Pouzin, L. (1965). *The SHELL: A Global Tool for Calling and Chaining Procedures in the System.* Massachusetts Institute of Technology. people.csail.mit.edu/saltzer/Multics/Multics-Documents/MDN/MDN-4.pdf

Pouzin, L. (2000). *The Origin of the Shell.* multicians.org/shell.html

Radin, G. (1978). The early history and characteristics of PL/I. *SIGPLAN Not., 13*(8), 227-241. doi.org/10.1145/960118.808389

Rather, E. D., Colburn, D. R., & Moore, C. H. (1993). The evolution of Forth. *The Second ACM SIGPLAN Conference on History of Programming Languages,* 177-199. doi.org/10.1145/154766.155369

Rawlings, N. (2014). The History of NOMAD: A Fourth Generation Language. *IEEE Annals of the History of Computing, 36*(1), 30-38. doi.org/10.1109/MAHC.2014.10

Richards, M. (2012). How BCPL Evolved from CPL. *The Computer Journal, 56*(5), 664-670. doi.org/10.1093/comjnl/bxs026

Ritchie, D. M. (1968). *Program Structure and Computacional Complexity.* archive.computerhistory.org/resources/access/text/2020/05/102790971/Ritchie_dissertation.pdf

Ritchie, D. M. (1993). The development of the C language. *The Second ACM SIGPLAN Conference on History of Programming Languages,* 201-208. doi.org/10.1145/154766.155580

Rubio Jiménez, M. Á. (2021). *Historia de los Lenguajes de Programación: años 1940-1959.* Altenwald Books.

Sammet, J. E. (1969). *Programming Languages: History and Fundamentals.* Prentice-Hall, Inc. doi.org/10.5555/1096897

Sammet, J. E. (1978). The early history of COBOL. En *History of Programming Languages* (pp. 199-243). Association for Computing Machinery. doi.org/10.1145/800025.1198367

Serrão, R. G. (2022). *Why APL is a language worth knowing.* mathspp.com/blog/why-apl-is-a-language-worth-knowing

Shapiro, J. S. (2004). Extracting the Lessons of Multics. *login Usenix Mag., 29*(6). www.usenix.org/publications/login/december-2004-volume-29-number-6/extracting-lessons-multics

Sherwood, B. (1974). *The TUTOR Language.*

Starkweather, J. A. (1967). *Computer-Assisted Learning in Medical Education. 97.*

Steele, G. L., & Gabriel, R. P. (1996). The evolution of Lisp. En *History of Programming Languages—II* (pp. 233-330). Association for Computing Machinery. doi.org/10.1145/234286.1057818

Strachey, C. (1965). A general purpose macrogenerator. *The Computer Journal, 8*(3), 225-241. doi.org/10.1093/comjnl/8.3.225

Strachey, C. S. (1959). Time sharing in large, fast computers. *IFIP Congress.* api.semanticscholar.org/CorpusID:5144680

Thompson, K. (1972). *Users' Reference to B.* Bell Telephone Laboratories. www.bell-labs.com/usr/dmr/www/kbman.pdf

Turchin, V. F. (1979). A supercompiler system based on the language REFAL. *SIGPLAN Not., 14*(2), 46-54. doi.org/10.1145/954063.954069

van Wijngaarden, A. (1963). *Generalized Algol* (Número MR 57/63/R).

Ware, ed., Willis H. (1960). *Soviet Computer Technology - 1959.* RAND Corporation.

Wayne, H. (2020). *10 Most(ly) Dead) Influential Programming Languages.* www.hillelwayne.com/post/influential-dead-languages/

Wirth, N., & Weber, H. (1966). EULER: A generalization of ALGOL and its formal definition: Part 1. *Commun. ACM, 9*(1), 13-25. doi.org/10.1145/365153.365162

Wirth, N., & Weber, H. (1966). EULER: a generalization of ALGOL, and its formal definition: Part II. *Commun. ACM, 9*(2), 89-99. doi.org/10.1145/365170.365202

Woodie, A. (2020). *Is it time to rename RPG?*. www.itjungle.com/2020/08/24/is-it-time-to-rename-rpg/

Woodward, P. M., Wetherall, P. R., & Gorman, B. (1973). *Official Definition of CORAL 66*. archive.org/details/official-definition-of-coral-66

Yngve, V. H. (1957). A Framework for Syntactic Translation. *Mechanical Translation, 4*(3), 59-65. aclanthology.org/www.mt-archive.info/50/MT-1957-Yngve.pdf

Yngve, V. H. (1962). COMIT as an IR language. *Commun. ACM, 5*(1), 19-28. doi.org/10.1145/366243.366720

Yost, J. R. (2014). *An Interview with Butler Lampson*. Charles Babbage Institute.

Cohen, I. B., Welch, G. W., & Campbell, R. V. D. (eds.). (1999). *Makin' numbers: Howard Aiken and the computer*. MIT Press.

Early Multics Development and the MSPM. (1965-1969). multicians.org/mspmtoc.html

PL/I: Language Specifications. (1965). IBM. bitsavers.org/pdf/ibm/360/pli/C28-6571-1_PL_I_Language_Specifications_Jul65.pdf